ルキアスエネルギー

覚醒と光の救済

Kaei
華永

明窓出版

ルキアスエネルギー　覚醒と光の救済　目次

パート3　ルキアスエネルギーの実践

パート１　プロローグ

はじめに

はじめまして。ルキアスエネルギーのグランドマスター、華永です。

本書にてルキアスエネルギーの名前を初めて知った、という方々も多いと思います。2006年に地球に初めて降りてきたエネルギーですから、まだ一般的にはマイナーで名前も知らない方もいらっしゃるでしょう。

このエネルギーにご縁を持つと、全てが変わっていきます。敏感な方なら、本書を手にとっていただくだけでも、ルキアスエネルギーを感じられることと思います。すべてのページに、ルキアスエネルギーが満ちているからです。

さあ、まずはあなたの、魂の制限を解いてみましょう。

次のアファメーションを、声に出して唱えてみてください。

すべて唱えると、解き放たれた解放感を覚えます。

声を出してこのアファメーションを唱え、自分の声を自分の魂に聴かせることがもっとも大切です。

☆私は、私を愛しています。
☆私は、私を信じています。
☆私は、私を許しています。
☆私は、私を認めています。
☆私は、私を受け入れています。
☆私は、私を敬っています。
☆今、ありのままの私を愛しています。
☆すべての出来事に、感謝しています。
☆私にかけられたすべてのネガティブな制限や契約を、解除しています。
☆私が選択したすべてのネガティブな制限や契約を、解除しています。

いかがでしたか？　身体や心が何かの縛りから解放された軽やかさを感じませんでしたか？

ルキアスエネルギーは、肉体や心の不調に悩んでいる方々だけではなく、エネルギーワークやボディワークなどを行われているライトワーカーの方々の、パワーアップとしてもお役に立つと思います。

また、現在のエネルギーを、もっと活性化するのにも役立ちます。なぜなら、ルキアスエネルギーは覚醒のエネルギーでもあるため、すべてをルキアスにしてしまうのではなく、ご本人が本来持っているエネルギーを浮上させ、ルキアスと融合して、オリジナルのエネルギーを完成させるからです。

今、この地球だからこそ降りてきたエネルギー。ルキアスエネルギーは、今の地球に必要なすべてのものを備えているエネルギーです。

ルキアスエネルギーとの出会い

私は過去、あるヒーリングエネルギー（仮に「Aエネルギー」とします）のマスターとして、ヒーラーやティーチャーを育成していました。その間に数々の奇跡体験があり、そのエネルギーを完全に信じるようになっていました。見えない世界は、確かにあるのです！

ある時、ヒプノセラピーを受けに来られた方に、Aエネルギーを他の所で学んだのだが、そのエネルギーを感じられないから、再度伝授して欲しいと希望されました。エネルギーがきちんと受け取れていないように思えるとのことです。

それが始まりで、再確認コースと言う、伝授はされたが理解できていない、エネルギーを受け取っていないと思われる方々の救済コースを設立しました。

すると、ティーチャーなのに伝授の方法を知らない方、オーラを浄化する方法さえ学んでいない方、ヒーラーでは、シンボルが分かっていない方等が、たくさんやってきました。

どうしてそんなことになっているかといえば、レベル1〜3までを一日で伝授、翌日ティーチャーエネルギーを伝授などということが、まかり通っているからです。

そんな風にティーチャーとなった実力を伴っていない方々が、自分が払った受講料を取り戻そうと、他の方に自分同様、簡単に伝授をするという悪循環です。そうして伝授をされたある方は、まったくエネルギーも感じられず、Aエネルギーが嫌いな人になっていました。

このようにエネルギーを金儲けの道具にしている人たちがいかに多いか、その現実に頭を抱えました。私はそのエネルギーが大好きだったからです。

そんなことは許されない、と憤慨しましたが、Aエネルギーのソースはその創始者であり、この現状を私が声を上げて諌《いさ》めるような権利はありません。

そこで、私だけのオリジナルのエネルギーが欲しい！　と心から天に祈りました。私のオリジナルエネルギーならば、そんなことは許さない！　ルールやシステムを作って、そんなことにならないよう、しっかりと心を込めるのだ！　と、そんな思いが強くなっていきました。

そんなある日、２００６年2月12日の午前中のことでした。エネルギー統合のアチューメントを行っている時、突然、もの凄いエネルギーを感じました。その熱さに、いったい何が起きたのかと、アチューメントを受けていたクライアントさんといっしょに驚きました。

午後から行われたエネルギー交流会でも、外の2月の寒さが嘘のように会場が熱くなり、参加者の一人がエアコンを切ろうとしたところ、エアコンはすでにオフになっていたことが分かりました。

室温は19度程度だったのですが、参加者全員、顔が真っ赤な状態で、体の芯からくる熱に、皆一枚ずつ脱ぐほどで、そのエネルギーの凄さに普通ではないものを感じました。

実はそれが、高次元から降りてきた、まったく新しいエネルギーだと分ったのは10日程経ってからです。

そのエネルギーの名前も降りてきました。私は普段、チャネリングはしないのですが、名前を付けたいと考えている時、頭の中にフッと〝ルキア〟と言う声がしました。

「えっ?!」

それまではなかったような現象に驚きました。それから1時間ほど経って〝ルキアス〟と聞こえ、それがこのエネルギーの名前だということが分りました。

後に、ルキアとは光を意味することも分かりました。イタリア語のルチア（光）を英語圏で発音するとルキアになると、ある方が教えてくださったのです。ルキアが複数降りて来るということで、複数のSをつけてルキアス。

こうして、ルキアスエネルギーという名前が生まれました（この名称は商標登録されています）。

「これからどんどん新しいルキアのエネルギーが降りてくる」と言われたのですが、その通りで、ルキア（シンボルエネルギー）が流星群のように降り続けています。

その後、たくさんの信頼できるチャネラーにより、このエネルギーが闇を光に変えるエネルギーであること、波紋の様に世界中に広がっていくこと、そして覚醒のエネルギーでもあることが分ってきました。当然ですが、癒しのエネルギーでもあります。

また、Aエネルギーのアチューメントの時、次にルキアスエネルギーをアチューメントして、クライアントさんの感想を聞いてみました。その方は私の予想以上にルキアスエネルギーを強く感じられたとのことで、このエネルギーの凄さがあらためて分かりました。

そして、世の中にはまったく知られていないこのエネルギーを広げるというミッションを、しっかりと自分に落とし込んでいきました。

ハートを解放するエネルギー

さて、Aエネルギーを完全に辞めてルキアスのみのエネルギー伝授となると、かなり真剣に考えねばなりませんでした。

実際、その頃の私のところへは、Aエネルギーの伝授を受けるために、遠方からも来られる方が続いていました。ですから、無名のエネルギーのみを伝授すると決断するには、かなりの勇気が必要でした。

けれども、知れば知るほどこのエネルギーに魅了されていく私がいたのです。なんといっても、念願の、オリジナルのエネルギーが私を選んで降りて来てくれたのですから。

Aエネルギーを卒業する。そう決断してから、ルキアスエネルギーについてもっと深く多方面に調べ始めました。すると、美しいエメラルドグリーンの龍のような動きを持ち、癒されていない魂の癒しを行うエネルギーであるということ、そして、ハートを解放するエネルギーであるということも、信頼できる多くのチャネラーによって、分かってきました。

ハートを解放すると、本来の力を取り戻すことができます。つまり、覚醒です。

Aエネルギーでは、肉体を癒し精神も癒すと言われてきましたが、実際は、精神の癒しに関しては、肉体に関してと同じほどは力を発揮しているとは思えません。

ルキアスとAエネルギーの違いは、敏感な方々には直ぐに分かるようです。例えて言えば、Aは地上波、ルキアスは周波数が違うFM波のようなものです。波動の質が違います。ルキアスは、〝体の中心から外へ広がっていくエネルギー〟です。中から外へ、魂から精神、そして肉体へと癒しを行うのです。

瞬時に癒やされるので、肉体の不具合には直ぐに反応が出ます。多くの体験談が寄せられていますので、ご参照ください。体験談の文章の表現は、医事法の関係で柔らかい表現に変えていますが、実際はもっと強烈な表現で寄せられたものです。

パート２　ルキアスエネルギーとは

ルキアスエネルギーの根源は？

ルキアスは最初のころ、地球に初めて降りてきた大天使だと言われていました。今はもっと詳しい情報が降りてきており、初めて地球に降りてきたということは変わりませんが、違っていたのはその地位です。大天使ではなく、すべての大天使を統括する存在だということが分かりました。

あらゆる次元の宇宙を統括する創造主の直下に位置する宇宙神です。

宇宙にも次元があり、そこからいろいろな存在が地球にやって来ています。大天使と呼ばれる存在であったり、神仏であったりさまざまですが、宇宙にはゲートのようなものがあり、どの場所のゲートを通ってくるかによって次元が全く違っています。

これまで地球に来ている大天使とか神仏と言われる存在も、宇宙のゲートを通ってきました。ゲートの向こうには次元の異なる空間が広がっており、その空間から初めてやってきたのがルキアスなのです。１９９４年に公開されたアメリカのＳＦ映画に『スターゲイト』があります。地球防衛を担う特殊部隊のメンバーが古代遺跡から発見された巨大な環である星間移動ゲートで遥か遠くの星へ行き、宇宙侵略者と戦う物語ですが、あの星間移動ゲートと想像して頂ければわかりやすいと思います。もっとわかりやすくするならドラえもんの「どこでもドア」でしょうか。

ルキアスは、今まで地球に来たことがある大天使とはゲートが違い、遥かに高次元の存在である宇宙神です。16人からなる評議会、アインソフ評議会を統括するマスターです。アインソフ評議会とは高次元の光のマスターたちから構成されるもので、宇宙の次元の融合と、アセンションが順調に行われるように、さまざまな働きをしている存在です。アインソフとは「無限の存在」という意味を持ち、カバラ（ユダヤの神秘思想で最高の叡智とされる。ヘブライ語で「受け取られたもの」「伝授されたもの」という意味を持ち、創造論、終末論、メシア論を伴う神秘主義思想といわれている）では神のことをいいます。

＊ここで16人と称しているのはルキアスマスターがルキアスから情報を取ったもので、以前は12人と言われていましたが、現在は16人、ルキアスを加えて17人だそうです。

ルキアスエネルギーは意思のあるエネルギー

ルキアスについて、最初はAエネルギーと同様に、人間が自由に使えるエネルギーだと思い込んでいました。違うのは高波動の宇宙からきているということだけだと考えていたのです。

ところがあることで、ルキアスは意思のある存在から来ているエネルギーだと確信するようになりました。そのあることとは、ある時突然、数人のルキアスマスターからエネルギーが引き上げられた（上から取り上げられた）ことです。

そのルキアスマスターたちの言動や行動が、マスターとしてはふさわしくないのではないか、と疑問に思い、この人たちの力は落ちているのかも……と、思っていた頃でした。

毎月開催されるルキアスの集いでは、マスターたちがヒーラーたちのお世話をするのですが、ある参加者の不調について、そのマスターたちは簡単な理由を言うだけで改善できなかったのです。以前はそうではありませんでした。

ルキアスのマスター光華を受けると、ヒーラー時代より能力が出てきます。光華とは美しく光る、輝くという意味ですが、ルキアスでいう光華とは、ルキアスエネルギーの伝授のことを指します。

一人のマスターは情報を取る能力に長けており、もう一人のマスターはヒーリング能力に長けていました。それなのに、集いに参加されていた一般ヒーラーの方が別の原因を見つけて、簡単に改善できたのです。そのことを思い出しました。

そこで、ダウジングで初めて『この人たちはマスターであるのか？』と質問をしました。すると、答えは『ノー』。驚いて、他のマスターやメンバー数名に連絡して、そのチェックをしてもらいました。すると答えは全員『ノー』。

その後、ルキアスマスターとしては降格して当然の行動を行ったことで、マスターのエネルギーを引き上げられたということがハッキリと分かりました。

その時初めて、意思のある存在が見ていたことに気づかされたのです。

その意思のある存在とは、ルキアスです。今では創造主の直下の宇宙神だということが分かっていますが、この時に初めて、ルキアスがただの宇宙エネルギーではなく、ルキアスという宇宙神が根源で、意思のあるエネルギーということを分からされたのです。

それからマスターが落ちる度に、その理由となる状態を気づかされることが多くなりました。私に気づかせてから、落とすというプロセスがあります。

そのマスターが降格されたことにもし私が気づかなければ、支障が起きるからでしょうね。

例えば、光華ができないのに、できたつもりになって形だけ光華してもエネルギーは伝わりません。私が知れば、光華は禁止することになります。

ルキアスに於いては、力の無い人がマスターとして光華することはありません。形だけの「光華完了」はありえないのです。

マスターのエネルギーが引き上げられればマスターではなくなり、それまで受けていた恩恵が消えます。

ルキアスエネルギーの役割

ルキアスエネルギーの光華を受けると、天からサーッと光が通り、身体が光の柱となります。ルキアスヒーラーは全員、太い細いの程度の差はありますが、時空間まで貫く光の柱となります。これは、光華を受けたすべての人に共通することです。光が消えない限り、その光は時空間を貫きます。

ルキアスエネルギーは、覚醒、癒し、プロテクション、願いの具現化をサポートするエネルギーです。そして２０１２年12月に起こると言われている（実際はもっと早いかもしれません）、地球のアセンション（次元上昇）に深く関わるエネルギーでもあります。

ここ数年〝アセンション〟という言葉をよく耳にしますが、これはいったいどのようなものなのでしょうか。一般に言われていることは、地球が３次元から５次元へ移行するということです。私たちがいる世界は3次元ですが、4次元はそれに時間が加わる、つまりタイムトラベルのように過去に行ったり未来に行ったりが瞬時にできるという世界ですね。その上の5次元は、テレパシーのように心が繋がっている世界だと私は思っています。ですが、このアセンションは全員が5次元に行くというよりは、全員が今より波動を上げて次元上昇するということだとルキアスが伝えています。

つまり、人によっては4次元まで、人によっては7次元上昇もあり、それ以上もあるということだと思います。

以前、地球は13000年毎に、分離と融合を繰り返していると学びました。それは、フォトンベルトの存在が関係しているようです。フォトンベルトについてはネットでも検索されると直ぐに出てきます。銀河から流れてくるこのエネルギーによって、13000年毎に変化が起り、呼吸の様に分離と融合が繰り返されているようです。そうして宇宙が進化しているのです。この切り替えの時が2012年12月と言われているのです。

陰極まれば陽となる。この陰が分離とすると、その極まりが既にやってきています。その極まりが2012年と言われているのです。

この状態を、ゴムがどんどん伸びていると喩えれば、現在、一番伸びたゴムの端に地球があります。これがバ～ンとはじけた時、地球といっしょに周りの惑星たちも融合に向かって飛び出して行き、アセンションが始まります。

フォトンベルトについては、科学的根拠がないと言われていたり、やはりそれはあるのだと言われていたりしますが、私は真実だと思っています。

約１２０００年～１３０００年前頃に、アトランティス大陸が沈んだと言われていますが、そこでは最初の頃は融合が強かったのでテレパシーで普通に会話ができ、お互いの心が分かりあっていたようです。だから、他人が嫌がることは必然的にできませんでした。心が繋がり、平和で、今で言う超能力もあったようです。また、食事もしなくてよかったようです。

しかし、徐々に分離の時代が近づいて来たために、人の心が分からなくなって物質を偏重するようになり、体の比重が重くなってきて食事をとらなければ体を維持できなくなっていったようです。

今は、融合の時代に近づいています。ですから、いろいろな方々の目覚めが始まっているのです。

アトランティス人は、最初は神のような人たちだったようですが、分離が近づくとエゴが強くなり、人心が荒廃していったようです。

次は融合の時です。また、皆がテレパシーで会話ができるようになり、エゴが無くなっていくでしょう。アセンションするためには、人類は今より波動を高くしていかなくてはなりません。

地球がアセンションする時、肉体も持ったまま いっしょに次元上昇していくためには、恐怖や依存をなくし、波動を軽くするのが条件となります。

この次元上昇が、2012年12月に起きると言われているのです。

闇を光に変えるエネルギー

ルキアスエネルギーの光華を受けると、時空間を超えて力を引き寄せます。陰も陽も、闇も光も、楽も試練も引き寄せ、そして統合へ向かいます。

闇を引き寄せると聞くと、「ええっ？　闇なんて怖い！」と不安を感じる人もいるでしょう。しかし、その闇はあなた自身に存在する闇なのです。

喜怒哀楽、人間は感情を持った存在です。魂に戻ったら、人間のような感情はもう感じる必要もないでしょう。人間に生まれた目的には、感情を体験するということもあるのです。

日常生活ではいろいろなことが起こります。家族と団欒のひとときを過ごすこともあるでしょう、趣味を楽しむこともあるでしょう。

しかし、人生は楽しいことばかりではなく、仕事でトラブルに見舞われたり、人間関係で悩んだりして、悔しい、悲しい思いをすることも少なくありません。

日本人は、忍耐を美徳とする傾向があります。また、悩んだり苦しんだりしたくないからと、辛い出来事を〝なかったこと〟にすることもあります。

しかし、こうしたいろいろな出来事があった時、その時の感情を押さえ込まず〝感じきること〟が大切なのです。

「闇が出てきますよ」と私が言いますのは、これまでに押さえ込んできた感情が浮き上がってくることをいいます。未消化になっている感情が浮き上がるような出来事が起こり、その感情を再体験させられることになるのです。

ですから、押さえ込んだり、逃げたりせずに、自分の気持ちを感じ切ることが大切です。自分はどうして辛いのか？　どうして怒っているのか？　嫌なのか？　悲しいのか？　しっかり受け取って感じてみましょう。

すると、自分の気持ちが理解できて、それほどのものではないと思い直せることがよくあるのです。

押さえ込んだ闇は、体に悪影響を与えます。沸々とわく怒りの感情や悲しみの感情が、肉体を侵していきます。その負のエネルギーが、肉体に影響を与えるのです。肉体に出て来た時には、かなりの状態まで成長しています。大きな負のエネルギーが発酵するように浮き上がってきて、肉体に悪い影響を及ぼします。

これは、あなたへのサインです。サインに気がつき、自分の中に闇があることを認め、そんな自分自身を愛し、許す。それが、統合するということです。この道を通ることが、アセンションには必須です。

では、闇を感じきることから始めて行きましょう。

闇を感じきる方法

闇を感じきるには、どうすればよいでしょうか。まず、闇というものは押さえ込まないことが大切です。以前は、蓋をしてしまった闇を感じきるために、その出来事を書き出すという方法をお伝えしていました。今は、もっと素晴らしい方法があります。

タッピングセッション（ＥＦＴ：エモーショナル・フリーダム・テクニック。感情解放技法。思考場療法《ＴＦＴ》）により、すべてを吐き出すことができるようになったのです。タッピングとは、体にある感情のツボを指先で刺激して、あらゆるネガティブな感情を取り去っていく方法です。

辛い出来事に蓋をするのは、絨毯の毛並みの中に汚れを押し込んでいるのと同じことです。押し込んだ汚れは奥深く入り込み、滅多なことでは取れませんが、汚れとしていつまでもそこに残ってしまいます。とっても不衛生ですよね。

この絨毯の汚れの周りを、ドンドンと叩くのです。叩いて、汚れを表面に浮かせるのと同様なことを行うのが、タッピングセッションです。

「悔しい」「怖い」「悲しい」「辛い」「バカ」などのネガティブな言葉ですが、人前では言ってはいけないと言われている心の声を言葉にして吐き出し、同時に感情を鎮める顔や手のつぼを叩くのです。言葉が浮かばなければ、その箇所を叩くだけでも効果があります。とにかく、浮かんでくる言葉を声に出しながら叩くのです。

闇だと思っていた感情を感じきれれば、それは光になるより他にはありません。闇は、あなたの魂が学ぶ必要があった体験です。そこから逃げてきたから、闇となってしまったのです。

たとえば、「親の躾が厳しく、言いたいことを言えなかった」「学校でイジメに遭った」「職場で理不尽な扱いを受けた」など。自分では忘れてしまったつもりでも〝なかったことにしよう〟と蓋をしている状態では、乗り越えたことにはなりません。

感情のツボを叩きながら溜め込んだネガティブな思い（恨み、苦しみ、悲しみ）を吐き出すと、驚くほどそうした思いが消えていくのが分かります。

ある女性は、度重なるストーカーの被害に怯えて、タッピングセッションを受けに来られました。ストーカーによって以前からあった恐怖症が強くなったからです。セッション時に彼女が思い出したのは、過去世での出来事でした。その男に捕まえられて……。

そこから彼女は、スピリチュアルな世界へ入っていくことになり、恐怖症も完全に克服できました。現在、ルキアスマスターとして活躍しています。

EFTにしてもRMT（リズミックムーブメント）にしても、華永が行うと自然とルキアスエネルギーが流れるので、予期しない結果が出てきます。不思議なことですが、過去世へ繋がることが多いのです。過去世へ繋がり、根源の問題が明らかになってきます。

一日でスッキリするという現象には、受けた方々が皆驚きます。タッピングセッションの最中に、現在抱えることになってしまった悩みや苦しみの原因となった過去世の出来事を思い出すことがあります。過去世でも同様なことで悩んでいる姿、それを今の自分が別の視点から見ることになります。その結果、今の悩みの大本といいますか、何故そうなっているのかの意味が分かりますから、問題が解決に向かい、スッキリと抜けていきます。

そして、過去世の負のカルマを、ミスティックヒーリングにより抜き取ります。ミスティックヒーリングとは、ルキアスエネルギーの上級ヒーリングテクニックのことです。強力な浄化テクニックでもあります（詳細は140ページ）。

現世ばかりでなく、過去世の癒しを行いながら、必要なエネルギーをいれていきます。人によっては自分の過去世が光に帰っていくビジョンが見えたり、メッセージを受け取ることもあります。この時空を超えたヒーリングによって魂の傷が癒され、光の道を歩むことができるようになるのです。

自分の中に闇があることを認めて、それを許す。それが、闇を光に変えるということです。

覚醒のエネルギー

ルキアスエネルギーは、人が本来持つ眠れる能力を目覚めさせます。ルキアスと融合してオリジナルのエネルギーをつくり上げることで、素晴らしい能力や才能を発揮することができるようになります。現在の私は、水道水を入れたグラスに手をかざすことなく言葉を発するだけで波動水をつくることができます。そこに水を足していくことで、永久的にその波動水であり続けます。

ルキアスの光華を受けられた方々は、コップの上に手をかざすことでエネルギー水をつくれるようになります。マスターは、手をかざすことで波導水を作ることができます。

華永が言葉によって作る浄化の波導水は、誰が飲んでも浄化させるエネルギーを発します。石を手に取れば着色されているものは色が抜けることが多々あります。薄くぼんやりした色の石は、くっきりとした模様が浮かび上がってきます。石たちは、中からの光が強くなり美しさが増します。タイガーアイの縞が濃くなり、美しくなったなど、たくさんの例もあります。

ルキアスヒーラーの方々は、浄化のシンボルエネルギーを流すことで、同様のことができるようになります。

浄化・浄霊のエネルギー

土地に憑いている霊（地縛霊や自然霊など）や人に憑いてる霊、ネガティブなエネルギーなど（邪気）の浄霊を行います。自分自身に憑いている霊や自宅に憑いてる霊、周囲の土地の浄霊などを、自分で行えるようになります。

霊というと、怖い、恐ろしいイメージがありますが、ほとんどが過去世憑依です。つまり、自分自身の過去世です。自分の転生で未浄化になった霊が、自分に憑いてサインを送っているのです。

過去世のあなたは、今のあなたと全く同じではありません。私たちは自分の魂のオーバーソウル（故郷）から旅してきているのですが、それを一つのコップに入った水と想像してみてください。水の一滴が今のあなたです。一度に出てくるのは最大144と言われていますから、あなたの他に143の分御魂《わけみたま》が今、旅に出ているのです。この次元と決まっている訳ではありません。多次元に、別の宇宙にと分かれますから、同じオーバーソウルのものが出会うことは稀です。

その１４４は、いずれ故郷に戻ってきます。戻ってきてその水の中に戻れば、一つとなってすべての記憶を共有するのです。その人生の体験は、皆の共有の記憶となるのです。その１４４たちが学びきれなかったこと、無念だったことを次に旅するものたちに託します。

そう、無念だったことをやり直す機会を、あなたが託されたのです。同じ記憶を共有し、自分自身のこととして。ただし、すべてではありません。最大１４４が旅に出ているのですから、分けています。

以前来られたクライアントさんが、安倍晴明の過去世をお持ちでした。しかしこの魂は安倍晴明の魂の僅かの部分を受け継いでいるだけで、ほとんどを受け継いでいるのは東北にいる方と言われていました（ヒプノセラピーを受けられた時に出てこられた、この方のハイヤーセルフ談）。この方は、安倍晴明が敵の陰陽師たちとの戦いの時、魔物に変身させられた白蛇といっしょになり、別の学びをしている最中でした。

このように、同じオーバーソウルからやってきたとしても、別々の担当といいますか、学びがあるのです。

そこで、その学びを今世で完了すべく生まれてきたのですが、それを覚えていませんから横道にそれたり、同じ過ちを犯したり、同じように悩んだりしています。本当は、その学びが終わるように生きていかなくてはなりません。あなたがその学びを完了することで、過去世憑依している存在たちが光に戻れるのですから。案外、勘違いによって無念だと残っている魂もいますので、蓋を開けて見てみて欲しいです。

身体の痛みがあるのは、だいたいが過去世で致命傷になった傷や、過去世で病で亡くなったのならその病の原因の臓器などです。そこに憑いてあなたにサインを送っています。これを見て！　もう一度学んで！　と。

自縛霊などは、恨みや憎しみの念が強いものがあります。それらのネガティブな波動を受けると、病気になったりケガをするなど、不運に見舞われることがあります。特に、たくさんの人がいる場所には、ネガティブなエネルギーが渦巻いています。

「人が多いところへ行くと頭痛がする、疲れる」という人は、そうしたエネルギーを吸い寄せていることがほとんどです。吸い寄せるのは、自身の中に同様なものがあるので引き寄せてもいるのですが。

原因不明の病や心身の不調が現れたら、浄化・浄霊を行う必要があります。また、土地が浄化されていないと、そこに住んでいる人たちによくない影響があるうえに、本来その土地が持っている素晴らしいエネルギーが閉ざされたままになってしまいます。

よく、テレビなどで僧侶や神主、霊能力者が一生懸命、浄化・浄霊をしている場面がありますが、ルキアスエネルギーを使えば、浄化・浄霊を簡単に行えます。

もちろん、難しいお経をあげたり、怖い思いをすることはありません。ルキアスエネルギーは、迷える魂やネガティブな意識を光へと導き、行くべき場所へと送り届けてくれます。それによって霊障が起きたり、ネガティブなエネルギーを受けて疲れたりすることはありません。土地も本来のエネルギーを取り戻し、光で満たされるでしょう。それが地球を軽くすることになり、手助けにもなります。

修行も要らず、直ぐに手に入る宇宙エネルギー、今この時だから使えるようになった高次のエネルギーです。

磁場調整による救済（覚醒）

私とルキアスマスターたちは、定期的に国内、国外の必要なところへ出向き、土地の浄化を行っています。ルキアスエネルギーで浄化が終った時点で、その土地の磁場調整が終わります。

国外では、イギリスのストーンヘンジ、エジプト、ギリシャなどへ出かけて磁場調整を行ってきました。場所によっては、最初は逆に悪化したと思える現象が起こることがありますが、結果的に災いが最小になっていきます。自然は素直に変化しますが、人間は自我や欲があるために、調整に時間がかかります。

さて、なぜ磁場調整が必要なのでしょうか。

私たち人間が波動を上げて軽くなっていくことは必須ですが、地球もいっしょにアセンションするのですから、地球の波動を上げることも必要だからです。

私たちが行っている磁場調整は、地球そのものの浄化とヒーリングです。光の柱をたて、救済のエネルギーを降ろして光の道を作り、未成仏霊やネガティブなエネルギーを光に帰すことで土地が清められ、本来持っていたエネルギーを取り戻すことができます。

傷つき、ダメージを受けた地球を癒す＝地球が元気を取り戻すことで、人間はもちろん、あらゆる生命体が安心して快適に過ごせる環境を甦らせることができます。これはアセンションに向けて、とても重要なことなのです。

2010年5月、磁場調整のために、ルキアスマスターたちといっしょに佐渡へ行きました。そこからレイライン（特別なエネルギーの流れがある土地。そのラインに流れるエネルギーを感知した人たちが、過去から古代遺跡や神社といった宗教的な建築物などを建てたのです）に沿って、浄化と光の柱を建てながら長野の分杭峠へ向かったのですが、あんなに酷いことになっているとは思いませんでした。とても驚きました。

分杭峠は、長野県伊那市にある南アルプスの西側に位置する伊那山脈の峠の一つで、標高1442mの場所です。この峠周辺が『ゼロ磁場』と呼ばれる所で、強い気で包まれているエネルギースポットといわれていました。

しかし、昨今のパワースポットブームで、あちこちのパワースポットへおおぜいの人たちが押し寄せているため、残念ながらほとんどのパワースポットは、本来のエネルギーを失いつつあります。〝幸せになりたい〟〝健康になりたい〟〝お金持ちになりたい〟など、ご利益にあやかろうとする人たちが落としていった欲のエネルギーが渦巻き、ひどい有り様であるのが現状なのです。パワースポットだと思って行くと、逆に変なものたちに憑かれて……という方々をたくさん見てきました。どの場所も、悲鳴を上げています。

分杭峠も、例外ではありませんでした。のどかな風景の地域から、次から次と負のエネルギーの靄《もや》が出てきます。この靄は、人間の負の感情が現れた時（悲しみや怒り）に発生するもので、頭痛がしてくるので出てきたのに気づきます（現在は邪気が憑かない身体になったため、頭痛などは皆無です）。この時は土砂降りの雨に雷まで鳴って、浄化をサポートしてくれたかのようでした。すぐに劇的変化というわけにはいきませんが、光の道を作り、光の救済を行ってきましたので、徐々に磁場が調整され、よい方向へと変化していくでしょう。

✧ 癒しのエネルギー ✧

肉体・精神・魂に対する抜群の癒しのパワーを持っています。

現在ヒーラーとしてお仕事されている方々にも、お役に立つエネルギーです。

特に、他人の身体にタッチするお仕事は、よほどガードしなくては未浄化霊のエネルギーやネガティブな意識を受取ることにもなります。

クライアントさんはすっきり、しかしヒーラーのほうがネガティブなエネルギーを受けて参ってしまい、疲れる（憑かれる）というケースも少なくありません。

ルキアスエネルギーの光華を受けますと、プロテクションも学びますので、お医者様が使う手術用のゴム手袋をつけているような感覚で、ヒーリングができるようになります。相手の状態は分かっても、自身の手は汚れない、という状態にすることができるのです。

パート３　ルキアスエネルギーの実践

ルキアスエネルギーの光華とは

ルキアスエネルギーでは伝授を光華と称します。そしてルキアスエネルギーの光華を受けますと、その時からルキアスヒーラーとなります。

光華とは、宇宙から降りてくるルキアスエネルギーを通す光の道を作ることを言いますが、この光を大きな光にするのか、消える寸前のような小さな光にするのかは、受ける方の自動浄化と自己ヒーリングにかかってきます。

（自動浄化、自己ヒーリングについては46ページ参照）

ルキアス光華では、すべての公開シンボルエネルギー（グラウンディング、センタリング、バランス、浄化、愛、癒し、修復、代謝の活性化、自分を愛する、筋肉や心のコリを解す、多次元を癒す、浄化、地縛霊&土地の浄化、先祖霊の浄化、すべてを浄化・ワンネス・無条件の愛、そしてマスターセラピス・ベイエネルギー、ヒーリング用プロテクト、結界、守りなど。詳細は82ページ参照）がその場で使えるように致します。

次に10の非公開シンボルエネルギーを光華し、それ以外に、それぞれに必要なエネルギーも個別に光華しています。

具体的に、ルキアスの光華の説明をしましょう。

1　脳に効果的なエクササイズを行い、左脳と右脳を繋げることでエネルギーを感じやすくします。

2　自動全身骨格調整と自動浄化を行い、ルキアスエネルギーが受け取れるようにします。（グランドマスターである華永しかできません。44ページ参照）

3　光華を行います。

すべてのシンボルエネルギーと、その方に必要なエネルギーを強力なスタイルでダウンロード（光華）します。

4　公開しているシンボルエネルギーについて、シンボル辞典を見ながら説明します。

ルキアス光華後

5　シンボル辞典を見ながら、基本のシンボルエネルギーを受講者自身が身体に流し、体感して頂きます。パワフルなエネルギーが短時間でダウンロードされているので、身体の中心が熱くなるのを感じるでしょう。エネルギーは、その方の魂にチューニングされているので、短時間での光華でも、無理なく受け取れています。

ただし、非公開シンボルの「カルマを解くエネルギー」を受ける場合、人によっては稀《まれ》に軽い痛みを感じることがありますが心配いりません。身体からカルマが抜ける時の痛みなので、瞬間に消えます。

6　ご持参頂いたアクセサリー（パワーストーンなど）を使って、浄化の実践練習をします。

基本の浄化を使い、ご自分のアクセサリーが美しく変化していくのを見ていただくことで、受け取ったルキアスエネルギーの素晴らしさを確認できます。また、シンボルによる違いを実感していただけます。

7　自動自己ヒーリングの設定を受けていただき、その体験をしていただきます。夜、寝床にて「続き」と言うと、自己ヒーリングが始まりますので、そのまま眠りにつかれると快眠できます。

8　シリアルナンバー（通し番号）が明記された認定書をお渡しします。

自動全身骨格調整＆自動浄化

自動全身骨格調整

頭上1cm位からミスティックヒーリングの気功鍼《ばり》でスイッチを入れると、勝手に身体が動き始め、全身の骨格を調整する動きを始めるというものです。最初は身体が硬いので小さな動きからですが、柔らかい方は最初から動きが激しい場合もあります。

自分の身体がすべてを分かっていますから、無理な動きはありません。無理に思える動きも、必要でかつ耐えうる動きですから、安心してゆだねてください。

ある時、頭蓋骨がかなりゆがんで、その影響からかお顔全体にもゆがみが目立つ男性にこの気功鍼でスイッチを入れたところ、身体が動き出しました。夜も時間がある時に続けたそうですが、頭のゆがみがかなり改善され、お顔もだいぶん変わり、とても喜ばれました。

このように、帰宅してからでもいつでも、動きを始めることができます。方法は簡単です。「続き」といえば、勝手に身体が動き出します。ほんの数分しか時間が無い場合はそれなりに、長くできる時は長めにと自由に動けます。「次に何をすればいいのだろう」と考えることもありません。身体が動くままにゆだねていれば、次々と必要な動きを始め、全身の調整を行います。

自動運動について

自動運動は気功などでも行われますが、かなり修行が必要だそうです。けれども華永がスイッチを押しますと、自動全身骨格調整と同様に初めての方でも動き始めます。なかには動きが始まりにくい方もいらっしゃいますが、自宅でもできますので、続きを行ううちに徐々に動いていくようになります。

自動浄化は自動全身骨格調整と同時に行うものですが、その前に基本の浄化を行い、特に今世を浄化します。その後、自動浄化で過去世も含めた浄化を始めますから、人によっては最初はたいへんです。そこで、最初は華永やマスターといっしょに行います。邪気が表面に出てきた時、身体の表面に気功鍼を打ち、穴を開けて外に排出するお手伝いができるからです。

✧ ルキアスエネルギー　自己ヒーリング ✧

以前はオリジナルの自己ヒーリングポジションがあり、毎日行っていただくことをお勧めしていましたが、「自動自己ヒーリング」の誕生により、廃止致しました。「自動自己ヒーリング」の体験談は、79ページにあります。

他者へのヒーリング（遠隔も含む）

ルキアス光華（ダウンロード）を受けると、自分自身へはもちろん、他者へのヒーリングもできるようになります。また、離れている人への遠隔ヒーリングもできるようになります。

自己ヒーリングを続けることで身体を癒し、生命力を上げていきます。ルキアスエネルギーを光華されると、身体が丈夫になります。短い睡眠時間でもスッキリ目覚め、元気に動き回れるようになります。生命力が上がっていくからです。

ルキアスマスターのYさんは、京都在住でルキアスエネルギー体験会などでの役目のため、神奈川県にあるクリスタルルームをたびたび訪れています。夜行バスでの往復は、普通の方ならかなり疲労を感じるそうですが、Yさんはまったく疲れることがなく、元気に活動しています。

二段階のヒーリング方法

一段階目　ルキアスヒーリング
光華を受けた日からすぐに行えます。
手をその方の身体に当てたり、そばからかざしたりしてヒーリングする方法です。
二段階目　ミスティックヒーリング
気功鍼、気功レーザーなどを使って、身体に触らずに行うミラクルなヒーリングテクニックです。ライトボディ復活 & 全チャクラ開放 & 不要なカルマ消滅セッションを受けられると、希望者はミスティックヒーリング講座も受講できます。

ルキアスでできる波動水

ルキアス光華の際に、ご持参いただいたアクセサリーや水を同じ部屋に置いておくと、ルキアスのエネルギーが転写されます。水は甘くなり、アクセサリーは美しく輝きを増します。

この他、華永が波導水をつくります。ご希望によって身体を癒す水、願い事の水、アセンデッドマスターのエネルギー転写の水をつくり、プレゼントしています。

たとえば、浅間神社の水素水、奇跡の力があった頃のルルドの泉、好きな大天使、神仏のエネルギーが転写されたものなどです。波導水は少しでも残っていれば、ミネラルウォーターや浄水器を通した水を足して、ずっと維持できます。水は、濁ったり、ドロドロすることはありません。願いごとの水は、水とは思えないような密度になり、身体を癒す水は、飲む人によって味が変わります。

有名なルルドの泉、ドイツのノルデナウの水、メキシコのトラコテの水、インドのナダーナの水など、世界には奇跡の水と呼ばれるものが存在します。〝難病が治った〟〝皮膚病が改善した〟など、驚きのエピソードが語り継がれていますが、それを波動として瞬時に作ることができるのです。

※リクエストに応じて転写していますが、ルキアスの集いでは水の飲み比べをしていただいたり、面白いことがいろいろとあります。

第三の目が開く

ルキアスエネルギーの光華を受けると、第三の目が開き始めます。仏像の額の眉間に白毫《びゃくごう》があるのをご覧になったことがあるでしょう。これが第三の目（チャクラでは第六番目にあたるアジナ）と呼ばれている部分です。チャクラ、という言葉は皆さんも耳にしたことがあると思いますが、サンスクリット語で〝光の輪〟〝回転する渦〟という意味で、エネルギーが渦を巻きながら出たり入ったりするところからこう呼ばれています。

それぞれのチャクラには、次のような働きがあります。

第一　ムーラターラ（性器と肛門の間）物理的存在をつかさどる。
第二　スヴァティスターナ（下腹部の仙骨付近）性的エネルギー。
第三　マニプーラ（みぞおち）念力を増大させ欲望を消滅させる。
第四　アナハタ（胸の中心）愛する心。
第五　ヴィシュッダ（喉）感情表現を豊かにする。
第六　アジナ（眉間）第三の目。知性と理解、洞察力、直観力、サイキック能力などの覚醒。

第七　サハスラーラ（頭頂部）解脱《げだつ》のチャクラ。人間を宇宙と一体化させる。

多くの人の場合、第三の目は閉じたまま開くことはありません。

では、この目が開くとどのようなことが起こるのでしょうか。

個人差はありますが、いわゆる超能力が発揮されるようになります。人の過去、現在、未来が見通せたり、オーラや守護霊が見えたり、人の体の悪いところがわかったりすることもあります。また、リーディング、ヒーリング能力が開花することもあるでしょう。人によって様々です。

光華を受けるには？

ルキアスエネルギーの光華を希望される方は、まずは巻末に記載しましたホームページにアクセス、または宛先にご連絡ください。ご希望のマスターが決まっていればご紹介致しますし、決まっていなければ遠隔チェックさせていただき、あなたに合うと思われるマスターをお選び致します。

華永からの光華をご希望でしたら、遠隔チェックを行ってまずは確認させていただきます。グランドマスターである華永のパワーは、普通の方の想像を絶するほど強く、光華を受けられる器がなければ、たちまち溢れ出してしまいます。1リットルしか入らない器に、勢いよく100リットルの水を注いだら、こぼれてしまうどころか器にほとんど水が入りません。直接の光華がすぐには無理な場合は、ルキアスマスターをご紹介いたします。クリスタルルームにて華永が自動浄化&自動全身骨格調整を行い、光華に立ち会います。

その後、不定期に参加されたり、浄化を続けて器を大きくすることで、ご希望があれば華永からの光華を受けることもできます。

ルキアスエネルギーの光華を受けられた方の体験談

☆Yさん☆

ルキアスとの出会い

ヒプノセラピーに行く時ほど「疑い」は少なかったのですが、行く途中、夏休みの親子連れの姿を見るたび、「子供といっしょに旅行でも行ったほうがよかったかな」などと思っていました。

しかし受けてみて、あまりの盛りだくさんぶりに、驚きました。大満足！ 払ったお金も惜しくない感じ（笑）。姑の容態が良くないので、これから介護のために必要なエネルギーだったのかな？ とも思いました。

石のアクセサリーや、パワーストーンたちもいっしょに浄化してくれるというので、持って行きました。何年か前に、お葬式に行くので邪気よけに買った、ペリドットのブレスレットと、レムリアンシード。お葬式につけたあと、くすんでしまい、浄化の仕方を知らなかったので、そのまま手付かずになっていました。会場では、「きれいになってますよ」と言われても実感できなかったのですが、帰ってきてペリドットのブレスレットを見たら、ものすごくキレイになっていることがはっきりわかりました。真鍮の金具部分も、磨いていないのに自然に輝いています。汗をかかない体質だった私が、帰り道、暑くて仕方がない……。汗をかいてる？　クーラーが効いているのに暑い。

天河神社とルキアス

心惹かれて奈良の天河神社へ行って来ました。初めて、奥の登山道の入口に行ってみたのですが大峰山は女人禁制。そこで、「ごろごろ水」という名水を汲んできました。

でも、ルキアスエネルギーでいろいろな波導水に変えると味が変わるので、名水……の意味がないような。私の場合「イエス・キリスト」の水にすると胃が痛くなり（胃が悪いので、治してくれているのだと思う）、空海の水にすると、やっぱり「おえっ」という感じで苦くなります。不思議だったのは、天河神社で手を合わせると（ルキアスエネルギーを）光華した時のように、体が中から熱くなったこと。イメージとしては、龍が自分の身体をぐるぐると巻いて上がっていくイメージが。イエスキリストの水は、何度か作って飲むと、胃の痛みがなくなりました。いろいろな聖人（仏教も、神道も含めて）、聖なるエネルギー（たとえば龍と名がつくもの）は、いちおう別個に存在しているような、それでいてすべてつながっているような不思議な感じです。

エネルギーの実感

華永さんのブログを読んで、直接マスターのエネルギーを入れてもらったことに気がつきました。当日は、そういうエネルギーを流すだけかと思っていました。マスターは日本語で書くと「霊的覚醒者」とでもいいましょうか。進化した人、もう霊体のみで人を助ける立場に回った存在のことです。誰にして欲しいかと聞かれたのですが、私は迷わず「イエス・キリスト」と答えました。

ある日、ルキアスエネルギーで自己ヒーリングをしていたところ、暗闇におぼろげながらイエスの顔が見えたようでした。ひげや髪が、茶色です。見えるというより存在を感じる、という感覚でした。エネルギーを入れてもらった、ということは常にそばにいることと同じだそうです。もちろん、以前からつながっている感はありましたが、体感的に見えるような感覚はあまりなかったので、ルキアスエネルギーの効果かな、と思います。

書いていて、まったく「トンでもない」話（笑）だとは思いますが、体が暑くなったり、水の味が変わったり……そういうことがあるので、本当だと思っています。

ルキアエスネルギーの波導水

波導水と自分でつくるエネルギー水には違いがあります。華永さんがエネルギーを入れる波導水はずっと変わりませんが、自分でつくるエネルギー水は5分間で元の水に戻ります。波導水はマスターのエネルギー（波導）を転写した水のことで、神社で汲み上げた水などは、その神社の神のエネルギーを転写した水、と思ってよいでしょう。大神神社の摂社、狭井神社のくすり水、有名なのはルルドの水とか。よい波動を持った水というものが存在していて、それが人の体によく働くようです。

ルキアスエネルギーを身体に入れてもらうと、ただ言葉を発する（マスターをイメージする）だけで、いろいろな宗派のマスターの波導水（私たちは5分で元に戻るエネルギー水）が簡単につくれます。私は健康なのでどういう効果がでるのかわかりませんが、これから毎日つくって飲んでいこうと思います。

ルキアスエネルギーによる感情の解放

自己ヒーリングのポーズに父親（母親）に関する感情の解放、というものがあったのですが、それが気持ちよくて気に入ってます。ヨガみたいにスゴイポーズではなく、肩に手を置いたり、わき腹においたりするだけの簡単なものです。子どもの頃に心の奥底に押し込めて忘れていた感情が蘇ってくるので、けっこうたいへんなこともありますが、泣くのは感情の解放、癒しにいいようです。

ルキアス光華の日

私は華永さん以外は初めて会う人でしたけど、みな「いい人〜」という気（？）にあふれていたので、ほっとしました。

先に光華を受けてから集いに来られた方も、そろって、集いがはじまります。

私は、なんだか、集まってきた人の感じとか、雰囲気が教会へ来ている時とよく似ていたので、不思議だと思っていました。華永さん自身はそんな感じのしない人（すいません）なんですけど、病気があって、癒しを受けたい……という希望の方がいらして、そのひとに華永さんがエネルギーを流している……。それを大勢の人が集まって見つめている……それが、教会の雰囲気に似ていたのです。聖書にも、病の癒しを希望して、イエスの元に集まってくる、そんな記述がたくさんありますが。大昔、聖書の時代、こんな風にヒーリングが行われていたのかな？

いよいよ、光華ということで、寝転んで、おへそのあたりに手を置いてもらいます。

ルキアスは「火」のエネルギーということだそうですが、その時感じたのは、水……。置いてもらったところから、水の波紋のようにエネルギーが流れていく感じでした。

自分が水に浮かんだ丸太の木のように、水の揺れにあわせて、動いているような感覚がしました。ただ心地よくて、何も嫌な感じはしませんでした。

華永さんから、もう一度、カルマを解くエネルギーを入れますといわれて……、なされるがままです。初めて受けるほかの人にもルキアスを光華されました。一度光華を受けた人は、見守るだけです。私の時は、目をつぶっていて、赤い光を感じたり、熱い感じがしました。

エネルギーを感じられない人もいて、特に、感情を抑えて生きていると、感情が体のブロックになって、感じにくくなるという説明でした。

私は、子どもの頃の家庭環境がよくなかったので、子どもの頃から心身症気味でした。けれども、インナーチャイルドの対処のためにカウンセリングに通ったり、ワークをしてきて、ある一定の効果が出てきたのか、以前ほどは疲れにくくなったり、微熱が下がったりしてきていました。怒りや恨みも、ノートに書いたり、わざと誰もいない所で怒ってみたりと、取り組んできました。

そして、もう一度、カルマを解くために、ルキアスを今度は背中から手を当てて入れてもらいます。

その時、ヒプノセラピーのように映像が見えたんです。ローマの兵士のような……戦争、戦い、子供が死ぬ……血だらけの場面……。

華永さんがずっと、手が痛いのよ……と言っていました。私も2ヶ月ほど前から、右手、右肩から痛い。今、こうして書いていますが、両手首から先がとても痛い。

ルキアスを受けている時、人が嫌い……という感覚が……。自分が人を殺したのか？　自分の大切な人が殺されたのか？　とにかく、人を憎んでいるようです。

それがカルマ？　そのカルマを解くルキアスを受けてから……、熱い、熱くなってきた……。さっきまで冷たい水……みたいだったのが、あち〜〜〜っ！　火のエネルギーというのがよくわかる。手の痛みにつながる、前世をもう一つ思い出さないといけないのかも？　ローマ兵士の前世？　今書くまで、忘れていた……。

それから、はじめにルキアスマスターから受けたエネルギーで頭痛がしていたので、グラウディングを教えてもらいました。

「あなた、飛んじゃう人だから」という華永さんの謎の言葉……。グラウディングの仕方を教えてもらって、スッキリ、解決でした。

頭のほうに、体の重心が来ているとだめだそうです。地に足が着いてから、シンボルの流れ方も合ってきた感じでした。

シンボルのエネルギーを流してもらい、受けるのですが、おなかで感じたり、頭で感じたり……場所が違ってきます。熱かったり、冷たかったり、さわやかな風だったり……。

私の場合、映像、イメージで見える場合が多かったです。和合、仲良くする、というエネルギーの時は、子供が楽しく遊んでいるイメージが見えたり。

今回、好きなマスターのエネルギーを、直接入れてもらうという試みがあったのですが、ほかの人に入れている時観音のイメージがしたり、聖母マリアの映像も見えました。聖母マリアを入れた……と後で説明されたので、納得……けどちょっと驚きでした。

私は、イエスキリストを希望しました。十字架への行進のような映像が見えました。ゴルゴダの丘に向かって、イエスが、十字架を背負って歩くシーン。私は、弟子ペトロと関係している感じがしました。これは、ヒプノを受ける何年か前、教会で洗礼を受けた時から、ペトロとは縁があると感じていたので驚かないです。……やっぱり……という感じ。

聖ジャーメインというマスターの時は、深い森……妖精のようなイメージがしました。聖ジャーメインは、シャスタ山の聖人だそうです。

私はクリスタルガイザーというミネラルウオーターが好きで、発売当初からよく飲んでいたのですが、これがシャスタ山の水ということを、はじめて知りました。そういうエネルギースポットがあるということも。

その後、水にエネルギーを送った時も、よく味が変わったので不思議でした。

空海の時は、自分でエネルギー水を作っても、おいしくないのです（笑）。水を口に含んだ時から、何か違います……。良薬は口ににがし？　高野山には行ったことありますが、奥の院に空海さんはいらっしゃると思います。そう感じる不思議なところです。参拝者も絶えませんし。

ミカエルという天使の時は、確かに粉っぽい水です。

いろんなミネラルウォーターが微妙に味が違うように、エネルギーを流すたびに、微妙に味が変わりました。わかりやすくて、楽しいです。

ヒプノセラピーの体験

ルキアスというエネルギーのことがまだよくわかっていないような時にヒプノを受けたのですが、実験的にルキアスのエネルギーを入れてもらいました。

そのことについて、華永さんが聞かれた時、私の口を通して、言葉が出てきました。私の意識はしっかりあるので、「こんなこと語っちゃって大丈夫なの？」と心配しながら、見える映像……というか思いつく言葉を、聞かれるまま答えていました。

確か、ルキアスは、覚醒のエネルギーですか？　とか、闇を見ないようにしている人には、入れてはいけないのですか？　とか聞きました。私がよく覚えているのは、「闇は怖い」ということ。「ルキアスは光で、覚醒した人の光を目指して、闇は集まってくる。だから、一人では闇につぶされる。最初は、地下に潜伏するような感じで、光のネットワークを作るとよい。ある一定の人数が、集まって、初めて世に光を知らしめるとよい……」そんなことをいった覚えがあります。

その時点では、私自身の想像か？　適当に答えを作っちゃったのか？　などと半信半疑だったのですが、華永さんの日記やブログを読んでいると、ほかのクライアントさんでも、同じようなことを言っていたりする……。

そして、自分でルキアスを受けて、ほかの光華を受けた人と会ってみると……なるほど、自分のハイアーセルフが言ったことは本当かもしれない、と思いました。

感情のブロックがあったり、覚醒しないのは、まだその時期がきていないからかも？一人ひとりを守るためかも？

仲間同士、つながって（普通につながる……というのではなく、潜在的に？）いざとなると助け合える……そんな風になると、光を現してもいい時代、闇に勝てる時代が、やってくるでしょう。

自分の闇を自覚して癒さないといけないのは、心の中の闇は、自分をつまづかせるからだと思います。闇は、人の心の油断を突いて恐怖をあおり、その人を落としてしまう……。疑いや、迷い、ねたみ、嫉妬、恨み、憎しみ、悲しみ……。闇と戦う気力をなくし、人を闇の中に、また押し戻してしまう。

罪は心の中にある……聖書の言葉を思い出します。自分の心の中の憎しみや、恨みを敵に（闇に）指摘されたら、光として、戦えないのですね。きっと。

だから、生きている間に、自分の心の傷を癒していかないといけないのですね。

さて、いろいろなシンボルを教えてもらいましたが、実生活に役に立ちそうというか、気軽にできそうなので、いいと思いました。

傷の回復のエネルギーのシンボルなどを教えてもらい、帰ってきた後、自分の指に試しました。忙しくて、マクロビ食が手抜きになってきて、また指にアトピーが出たりしていたので。映画のように、見ている目の前で傷がきれいになっていく〜〜！　ということはないですが、薬をつけなくてもおさまったので、利いたと思います。

それから、光華を受けた人が集まってねっころがっている人に、手を当てて、ヒーリングします。何か感じるところに手を当ててくださいということでした。

華永さんには、頭の痛みがある？　と聞かれました。痛みを抑えているのではないかということでした。心当たりはあって、すごく肩がこったり、首筋が痛くなったりしていたのです。以前、交通事故にあってムチウチになったので、そのせいかもしれません。首と頭の付け根あたりが痛いのです。背骨を不思議な方法（？）で見てもらうと、骨はずれていないけれど、背骨の間隔が狭くて、「がちっ！」と入っている……ということでした。

私は生活上の緊張で、骨の間を緩めることができないだなぁと思いました。

子どもの頃からストレスフルな生活だったので、骨の間が縮こまっているのかもしれません。整体とか、以前から受けたいな〜〜と感じていたので、なんだか納得です。姿勢を治したいという気持ちがありました。瞑想をしたいと思うのですが、たぶん、姿勢が安定しないので長く座っていられない……と思います。

また、未解決な感情も原因だと思います。これから、どうしていけばいいか？　ちょっと道筋が見えたような……。

受けて2週間近くたった後の感想は「いいエネルギー」だということです。前向きになればなるほど、内側の火がよく燃える感じ。自分の中のマイナスの感情に気付いても内観が深まっていくような感じです。受けた時より自分が悪くなったと感じることがあるのは、気付く必要のあることを気付かせてもらうためだと思います。自分って、自分で思うほど、いい人間じゃないな……とか。

闇を見つめるのは怖いですが、今は安心してできます。

☆Oさん☆

浄化をやってみたところ、まったく別の石に変化した石がありました。元の石がなんだったのか忘れてしまいましたが、ただの紺色の石が、中に無数の星が散りばめられたような輝きが現れたのです。黄色い石に関しては、白っぽくなってしまいました。

☆Mさん☆
自分にとってルキアスとは何だったのか、今の状況を綴ってみます。私が体感したルキアス効果は、次の3点だと思います。

1　人の闇の部分に光をあてる。
2　その人を取り巻く人たちの闇の部分にも光をあてる。
3　その効果は、必ず良い方向へと導いてくれる。

1の私の心の闇は、「本音を言うことができない」ということです。私はその場の状況に応じて自分より相手を優先して振舞うことが上手でした。そのため、自分の本音を無意識に犠牲にして場を盛り上げていたのです。今考えれば、職場、家庭、友人、家族、すべて同じ関係だったと思います。その闇に光をあて、人間関係を再構築できたのは、ルキアスの大いなる効果のひとつといえます。

また、2の効果も同時に起こり始めました。私の家族が抱えている人間関係の闇の部分にも光が当たり始め、妻にはギクシャクしていた相手から数年振りに電話がかかってきました。妻は、しばらくはその人への思いを吹き出させていましたが、結局、関係を良い方向へ再構築し始めています。

今は自分と家族が中心ですが、私の職場関係、友人関係も変わり始めている気がします。私の両親の問題が解決できたので、家族以外の人間関係がどうなるのか自分でも楽しみです。必ず良い方向に向かうと思います。

ルキアスエネルギーを受講する際は、この変化を恐れてはいけないと強く思いました。それはまるで、手術をするのと同じ位の覚悟が必要です。すべてをゆだねる覚悟があれば、それだけの効果が得られるものだと思います。

☆Yさん☆

お水の味を変える実験をした時に、華永さんが「とても美味しい水」と言った瞬間に、石清水《いわしみず》のイメージが頭に飛び込んできました。すると、尾瀬で飲んだまろやかなお水に味が変わっていました。あれは、尾瀬の石清水です。

また、グラウディングのシンボルを教えてもらった時には、屋久杉みたいな大きな木が頭に浮かんできました。華永さんの発する言葉だけでイメージが頭に出てくるので、正直怖かったです。視覚派ではないですし、ビジョンも全然見ないタイプなんですが、見えてしまいました。

受けた後は身体のあちこちが痛くて、しばらくは苦しみました。1週間たって痛みはなくなりました。浄化だったんでしょうか。それから、初めてUFOらしいものを目撃しました。ルキアスを受ける直前に1度。空を見ていた人もいたのに、気づいていないようでした。ジグザグに飛行してあっという間に消えてしまいましたが。最近は光のフラッシュをよく見ます。これからも自己ヒーリング、頑張ってみようと思います。

☆Hさん☆

セミナー中、持参したクンツァイトがルキアスエネルギーであまりにもピカピカになったのに驚き、さっそく家でも試してみました。

まず、神様にお祈りする時、送受信機になってくれるラブラドライト（7センチ四方の一面磨き）。浄化と、愛と、癒しを送ったら、まるで磨きをかけたようにピッヵピヵ！

しかも、それまで見えなかったピンクや紫の色まで出てる！　威厳まで感じます。「あなた、ほんとはこんなに素晴らしかったのね」思わず見とれてしまいました。

それから1時間、たくさんの石たちのクレンジングとヒーリングを楽しみました。変容の様子が面白くて、思わず石たちを手に取ってしまいます。

華永さんが言っていた、「内から光が出てくる」ってこういうことなんだなぁと、実感しました。石たちがこんなに素敵に変わるんだから、人に送っても、素晴らしい変化が起きるんでしょうね。それから地球のためにも、みんなが波動を上げるためにも、必要なエネルギーだと思います。

☆Yさん☆

おしゃべりがつきず、とっても楽しく過ごしました。ありがとうございました！　Mさんの時に、私はとても同調率が高くて必ず夕日のような色の光がベースに他の色が見えていました。身体が回ったり、首が上に向って伸びたりと、同じ光華をしているはずなのに、人によって違う反応が出ることは、とても興味深いものでした。

私はチャネラーの方に観音様がついてくださっていると聞いていましたが、私の時にM

さんは観音様や目（エジプト？）を見たりされたようで、Mさんとのシンクロがとても良かったような気がします。

他の方がリクエストしたテーマが実は自分にとても必要があるものだったかも？　と思いました。一番強かった、そしてお勧めなのは「恐怖に打ち勝つ」です。

それから「人の輪を広げる」もハートにすごく働きかけてきて、ハートを通してコミュニケーションしていくことで、人の輪は広がるのだ、と納得しました。皆さんが素晴らしいリクエストをされているのに、私のリクエストしたのは「余分な脂肪を手放す」でした（すみません……）。レモンイエローのエネルギーが見えました。どうか効きますように！

☆Rさん☆

浄化のシンボルの時に、劣等感、卑屈感、すべて排除しなさいというメッセージとともに咳がでました。不必要なものを捨てれば、もっと若返ることができる。ニコニコ、ワクワク！　決断力があるので、物事はソフトに伝えていくこと、そして不必要な責任感を捨てること、とても適切なアドバイスでした。

それから、最近きれいになった、とか結婚が近いの？　といわれます。（自慢みたいですみません）ルキアスってすごい！

☆Hさん☆

初光華だったのですが、とても気持ちの良い、柔らかな眩しい光で全身を包まれているようでした。基礎編での光華では、まろやかさや輝きがぶわーっと増したようなエネルギーを感じました。これは「自ら光を出すエネルギー」で、エネルギーによって質が微妙に違うことに驚きました。

次の、癒し・覚醒のエネルギー光華では、少し喉から音が出たり（女神のエネルギー光華中だったようです）、後半、ブルブルと体が小刻みに揺れたり（カルマ解除のエネルギー光華中だったようです）と、基礎編とはまた違ったパワフルなエネルギーを感じました。最後の方は、いっそう眩しい強い光を感じ、まるで自分自身が光の柱になったかのようでした。とても気持ちが良かったです。

その後、私が希望した様々なエネルギーを光華していただきました。過去の英知につながる時は手のひらがとても熱くなったり、運を上げる時は下半身にドーンとしたエネルギーを感じたり、ハイヤーセルフとつながる時は、モヤモヤとしたものに包まれているような感じがしました。必要な感覚を開く時には、全身が少ししびれたようになったかと思うと、次に手のひらにエネルギーが回ってきて、それが段々上昇してきて、口の方に来たらなぜか唾液がどんどん湧いてきました。味覚が上がるのかと思ったら、華永先生からチャネリング能力が開くかもしれない、と言われました。

一番強烈にエネルギーを感じたのは、私の場合は想像力を上げる時でした。上半身がグラグラ揺れ、お腹から頭の方に丸いエネルギーが徐々にのぼっていくようでした。それぞれに異なる体感があり、とても面白かったです。次回のセミナーが楽しみです。

☆Ｊさん☆

私はカイロプラクティックの仕事をしています。

仕事をして感じることは、普通に施術したときと、ルキアスを流して施術するときを比べると、筋肉のほぐれる時間と、施術後のクライアントさんの感想が違うということです。ルキアスを流したときは、まず、筋肉のほぐれる時間が短い！

そして、施術後、いつも必ずと言っていいほどクライアントさんが、「すごく、カラダが楽になりました～」と言ってくださるのですが、その言い方が、違います。

なんというか、心の奥底から言ってくれている感じが伝わってくるのです。

あと、クライアントさんにルキアスを流した時、どのシンボルがいいか、感じ、浮かんだシンボルのエネルギーを流すのですが、クライアントさんに合っているエネルギーだと、掌がジワ～ッと熱くなります。ホッカイロのように熱くなるんです(笑)。

私の手の温かさ（熱さ）は、いつもクライアントさんに驚かれます。

☆Kさん☆
最初に光華を受けてから、人間関係の悩みを解決する糸口を見いだした私は、十分に満足し、自己ヒーリングも怠っており、ルキアスヒーラーとは名ばかりでした。

2度目に再光華を受けたのは、２００８年の春でした。

その頃、職場内での人間関係や、仕事上の劣等感や自己嫌悪に苦しんでいた私は、ある地方で開催された「集い」とその翌日の「タッピング」講座にどうしても参加したいという気持ちになっていました。

当時、華永先生のエネルギーがパワーアップされたということもあり、消えかけた自分のルキアスエネルギーを再光華で活性化し、もっと強く自己ヒーリングしたくなっていたのです。そして、タッピングで内部のトラウマを解消して、とにかく楽になりたかったことが動機でした。仕事の都合で結局は2日目のタッピングを受講することはできませんでしたが、1日目の「集い」には参加し、再光華を受けることができました。地方在住のため、普段なかなか集いに参加することが難しかった私にとっては、参加できること自体、とても画期的なことでした。

集いの中で、華永先生が、「今日の参加者はハートの痛い人が集まっている」と言われました。わたしもまさにその通りで、連日悩みすぎて胸が痛くて、胃も重かったのです。

華永先生が、「ずいぶん詰まっているね」と、いっぱい浄化して、ヒーリングしてくださいました。頭にも気功鍼を打っていただくと、胸の痛みや苦しさが、7割方消えていました。もちろんゼロにはならないけれど、悩みの原因である人間関係や現実生活の中での様々な問題はなんら解決していないのに、ただ、胸の苦しさだけがスーッと軽くなっていたのがすごく不思議でした。この胸の苦しさは、自分が思い込みで作っているものだったのだろうか、とふと思いました。

そうして、胸が軽くなって少し元気になった私は、自分を見つめ直すこともできるようになり、いつしか人間関係や、無用な劣等感や自己嫌悪も解決していました。もちろん、自己ヒーリングも以前よりは少し熱心に行っていたのもよかったと思います。

その後、持病のアトピーが大悪化したのをきっかけに、２００９年の初夏には3度目の再光華を受けることになりました。

もともとヒーラー志願ではなく、ヒーリングを生業にする意図がない自分は、ちょっと色々な状況がよくなるとすぐに自己ヒーリングをさぼる、不熱心な生徒です。

けれども、それにしては、よくもまあルキアスとの御縁が切れることなく今まできているなあと感心します。ルキアスマスターの方に過去世を見ていただいたり、ルキアスヒーリングで開業されている方にヒーリングをしていただいたり、華永先生のタッピングや原始反射（＊後述）のセッションを受けたりと、ルキアスにまつわるところでいろいろとお世話になってもいます。

また、アトピーでかゆくて眠れない時には、自己ヒーリングで楽になって眠るようにしたり、身近な人の肩もみなどのとき、自分にはプロテクションかけるとともに、ちょっとルキアスエネルギーを流したりします。

私は、華々しい「ルキアスエネルギー使い」ではありませんが、ささやかに、日常的にルキアスエネルギーとともに生息する者として、存在していたいと思います。

☆Mさん☆

高齢者である私の父は、軽自動車で交差点を走っていて、2トントラックに突っ込まれるという大事故に遭遇し、大学病院のICUに運ばれました。

乗っていた軽自動車はグチャグチャ状態で、生きていたのが奇跡でした。

運ばれた時には、顎、右肩、肋骨10本、骨盤、腰の骨を折り、肺はパンク、心臓は強打して、動脈にも傷がありました。

事故が起きたのは午前中でしたが、私は夕方にやっと、父の顔を見ることができました。

父の顔は大きく腫れ、アザがあり、顔色は真っ青でした。そして「寒い寒い」と言っていました。

私は「父はどうなってしまうんだろう」と、とても心配でした。肺からの出血がひどく、出血を止める処置をしつつ、輸血もすることになりました。

父は事故のショックで、その瞬間のことを全く覚えていないそうです。

私の実家は華永先生のご自宅の近くにあるので、母を送った帰り、先生のお宅に父の事故を報告しに行きました。先生のご一家が以前実家の近くに住んでいらした頃から、家族ぐるみで親戚のようなお付き合いを続けているからです。

先生は、すぐに父に遠隔をしてくださり、父が頭頂部を打っていることや、肺が苦しいことを指摘されました。事故直後は頭の検査まではできていませんでしたが、舌を噛んで縫っていることから、事故の衝撃で車の天井に頭頂部を強打した可能性は大いにあります。

そんな大事故だったのに、事故から20日後には車椅子に乗り、ラジオで大好きな競馬を楽しめるまでに回復しました。

その2週間後には杖をついて自力で歩いていたそうで、お見舞いに行った従兄弟から驚きのメールが届きました。

その2日後、杖無しで歩いていました。

翌日、お見舞いに来られた華永先生に直接ヒーリングを受けたそうで、父は腕から何かが出て行ったことが分かったそうです。

そして、その2日後、ドクターから「もう骨がくっついているから大丈夫」と言われ、事故から44日後に、父は無事に退院することになりました。

入院中、先生の遠隔のおかげで、父の顔色がどんどんよくなっていくのが分かりました。
＊華永記す
退院から2ヶ月後、退院後初めて様子を見にお宅にうかがってきました。畑に出ていたようで、元気に帰ってきました。

けれども、顔や身体のバランスが崩れています。体の左半身の骨を折ったのですが、右側の肩が下がり、顔も左右がずれていました。頭蓋骨がずれているようなので、自動全身骨格調整の気功鍼を頭から入れて、少し動いてもらいました。

それからすぐに帰宅したのですが、娘さんから夜にメールが届きました。

「今日はありがとうございました。夕方、実家に寄ったら父がお風呂上がりに自動全身骨格調整をしていました。『さっきはもっと動いたんだ』と言っていました。顔の左右のバランスがとれていて驚きました。父も鏡を見て驚いていました」

自動自己ヒーリングを伝授された方の体験談

☆Yさん☆

仰向けの体の上半分は軽く、もう半分は下に吸い込まれていく感覚で、床から離れられずにべたーっとはりついたようになりました。

そして、深呼吸をしたくなって呼吸に意識を合わせ始めました。

体に微弱電流が流れているような感じで、特に手足がジンジンとし、軽い痺れがしばらくありました。

数分後、ふっと体が軽くなって起き上がることができました。最後に気管が広がった感覚があり、気道確保っていう感じ。呼吸が浅いと言われていたから、これからは酸素をたくさん取り込むことができそうです。

たくさん酸素を取り込んだから、血液の循環が良くなって末端の手足がジンジンしたのかもしれないなと思いました。

☆Mさん☆

最初は、目の奥がもやもやしていました。

ところが、霧が無くなるように、だんだんとそのもやもやがクリアになっていく感じでした。

横になると、セッション前にいただいたカステラと水が、胃の中で洗濯機のようにグルグル回りだしました。それと、血液の流れが速くなっていくのを感じました。

手足はとても熱かったです。

☆Kさん☆

自動自己ヒーリングは「続き……」と言ってから寝たら、爆睡できて翌朝すっきりでした。

夏の間中、体が活性化されてたみたいで睡眠が浅かったのですが、これでバッチリです。

どうもありがとうございました。

ルキアスのシンボルとは

ルキアスには、たくさんのシンボルがあります。数がどんどん増えていくので、シンボル辞典を配布しています（２０１０年9月現在80個）。

ルキアスエネルギーを光華する時、まずはルキアスの道をつくっていきます。宇宙からルキアスエネルギーが降りてくる道をつくるのです。そして、このルキアスの光を受け入れる器を作ります。光を吸収できる、光の身体に変えていきます。

＊このシンボルを見るだけでも、少しは光を感じられるかもしれませんが、正式に光華された方がそばにいないと本物の光を受け取れませんので、本書では公開いたしません。

不定期に開催しているルキアスの集いでは、新しく誕生したシンボルエネルギーの遠隔光華を公開します。私が一人ひとりの頭上から一つずつシンボルエネルギーを入れますが、その他の人は自分の時以外は合掌して受け取るので、遠隔光華となります。

参加者には、くじびきで決まった席に座っていただいて、端から順番に、シンボルを直接光華します。そして、セミナー参加者全員に、その時に閃《ひらめ》いたエネルギー、リクエストされたエネルギーを光華します。その時々で、違う物を受け取ることになりますが、ルキアスシンボル辞典がありますので、分かりやすいと思います。

将来的にはすべてのシンボルを公開して、場面によって使い分けられるようにと考えております。三次元では、シンボル化している方が現実化しやすいようです。シンボルを使う時と使わない時とでは、現実化が15倍違うといわれています。地球全体の次元上昇＝アセンションが起これば、シンボルは不要になります。
＊２０１０年9月より、マントラを唱えるだけで、エネルギーが全て使えるようになりました。

☆基本編

グラウンディング
地に足をつけた生活をする。地球にエネルギーを下ろす。ガイア（地球が生命体として誕生した瞬間から地球に宿っている大地の女神）とテラ（地球に宿る男性の神霊。ガイアとともに地球を創造して地球上の一切を生かし育む存在）にエネルギーを送る。このシンボルエネルギーは、気が上がりすぎた方やのぼせた状態になった方に有効。

センタリング

中心線を通す。軸を取るという意味。自己ヒーリングをすればするほど軸がしっかりする。鋭い光を身体の中心（頭）から下へ通していく。チャクラのつまりを取る。つまりのあるところは、ほとんどの場合、違和感がある。

バランス

上下左右のバランス、女性性と男性性、上半身と下半身、精神世界と現実世界、左半身と右半身のバランスを崩している人に有効。

＊バランスを崩している人は「天地」のシンボルを背中から入れる。軸が無いところにバランスを取ることはできない。大地・光があって天地がある。

浄　化

場所や物の浄化、人の浄霊など。負のエネルギーを空っぽにする。単独で使わず、使ったあとは必ず何かで補充する。

愛

愛のエネルギー。特にハートを癒す。多次元を癒すをプラスして使うと、自分のハートのみでなく周りへも愛のエネルギーを流せる。

精神＆肉体の癒し

浄化しながら癒す。目に見えないもの（精神や魂など）を癒す。

目に見えるもの（肉体や物など）を癒す。

多次元に癒す

魂まで癒す（過去世なども）。時空間にも広がる。

＊時間・空間、多次元に癒せるシンボル。

ガイアとテラに感謝

女神ガイアへ感謝。女性性を癒す。地球の女性性も癒している。

男性神テラへ感謝。男性性を癒す。地球の男性性も癒している。

☆浄化・浄霊編　プロテクション

浄　霊（基本編よりもレベルアップしたもの）

憑依霊の浄化。物質の水分を通って循環してキレイにする。霊魂の浄霊。

セラピスベイ

セラピスベイのお力を受け取り、ヒーリング。セラピスベイは、エジプトの神で浄化と治療に強い力を持った存在。神官と医療の両方の要素を持った神。

土地の浄化（基本編よりもレベルアップしたもの）

土地に憑いている怒れる魂を鎮《しず》める。このシンボルに反応する人は地縛霊に憑かれている可能性あり。

自然霊・先祖霊を敬う

森羅万象への感謝、先祖・精霊・魂など、目に見えない存在たちに感謝。これに反応する人は先祖供養が必要、または自然霊の浄化が必要。

お清め

無条件の愛

無条件の愛を受け取って受け入れる。

宇宙愛
すべてはひとつ。すべてに繋がる。

プロテクション
良いものは入ってくるが、悪いものは入ってこない。肉体もエネルギーもすべてにおいて守られる。三次元的、物質的にも使うと良い。

結　界
ヒーリングの時や寝る時にも使う。良いエネルギーは入るが、ネガティブなエネルギーは入ってこない。用心してすべての身体の穴やチャクラにかける（永久にと設定する）。
部屋や場所の浄化、それの保持に良い。

場所と物の浄化
邪気などを浄化。場所（部屋や家の中のある部分など）と物の浄化。
他人の情報や自分に不要になったエネルギーを排出する（受けすぎている人に使う）。

☆癒　し

修　復

傷の痛みなどを軽減する。おへそから流すと、どこが悪いのか分かる。

活性化

代謝をよくする。慢性化している病に効果あり。

自分を愛する

自分を愛する。自分を認める。自分を赦《ゆる》す。自分を信じる。自分を受け入れる。

リラクゼーション

筋肉や心のコリを溶かす。心と身体の両面のストレスから解放する。

ハートチャクラに両手を重ねて流すと効果的。

その他にも公開されているエネルギーは、以下のものです。

潤いを与える。調和・和合。血流の改善。詰まりを取る。聴力の改善。透視能力を育成。

リンパの流れの改善。精神的・肉体的癒し。過去世の傷の修復。解毒。グレートセントラルサン（宇宙想像の源）と繋がる。浄化の促進。内なる導きを受け取る。制限の解除。無害化。雑念の除去。恐れを取る。集中力を高める。感情の解放。頭をクリアにする。心を軽くする。負のエネルギーを払拭。継続する力。精神を鎮める。統合。眠りの改善。第三の目を開く。心眼を開く。元気になる。無毒化。物事を整える。気持ちの整理。高い波動の浄化。生命力を高める。女神ガイアにエネルギーを注ぐ。自己認知。邪気の排出。復元。許し。気づき。エーテル体のバランスを取る。若返り。etc.

✧ルキアスエネルギー体験会について✧

ルキアスエネルギーを知っていただくための体験会を、不定期に開催しています。（開催日時等はホームページをご覧ください）。

まず最初に、過去世から持ち越したカルマによる症状を解消し、エネルギーコード（＊）やインプラント（＊）の除去などを行います。

これまでも、長いこと悩まされてきた頭痛の原因がインプラントだったり、エネルギーコードだったことが分かって、除去した後の快適さを自覚していただきました。

また、身体を元気にするエネルギーと生命力を高めるエネルギーを流し、受け取っていただきます。

ルキアスエネルギーは浄霊・浄化・プロテクションを備えている高次元のエネルギーですので、他から憑いて来た霊などは会場に入ると同時に離され、行くべき所に連れて行かれます。このことで、憑依が原因で起こっている問題（体の不調、人間関係の悩みなど）が解消することもあります。

他、波導水の利き水ではご希望の水をその場でつくりますので、いろいろ飲み比べてください。たとえば、ルルドの泉が奇跡を起こした初期の頃の水や、パワースポットが最高の状態だった頃のエネルギーを入れた波導水をつくることが可能です。

すべての波導水は即完成し、味がすべて異なります。参加された方にはご希望の波導水を3本までプレゼントしますので、持ち帰り用のペットボトル（500ml）をご持参ください。）

＊エネルギーコード

思いや想念を、まるでコードのようにのばして、他の人間にさしっぱなしにしている状態。人に依存し、その人のエネルギーを無意識に吸っている。意識的に付ける場合もある。

体中に付けられていることもあるが、だいたいはそれを無意識に許しているから付けられる。同情するとか頼っているなど。このコードをつけられるとエネルギーが吸い取られるので、疲れることが多い。

＊インプラント

ＵＦＯ目撃者に多い。エイリアンに取り囲まれたという夢が、実際に夢ではなかった場合など。主に情報を取っているようだが、場合によってはエーテル体を侵食していることもある。ある時期頭痛があるが、それを過ぎると痛みが消え、頭痛のことを忘れる。

しかし、麻痺させられていることが多く、侵食され続けている。体験会に参加された人の中に、頭のエーテル体がほとんど無かったという方がいました。その後、エーテル体＆アストラル体クリーニングセッションを受講され、エーテル体が復活しました。セッション受講後、酷かった頭痛もかなり少なくなったようです。

ルキアエスネルギー体験会に参加された方の体験談

☆Aさん☆

パワースポットのブームなどで、各地の有名神社仏閣が穢《けが》れてしまっているというお話になった時、「靖国神社はどうでしょう？」と華永さんにお尋ねしました。

靖国は今はまだ駄目だとのお答えを聞きながら、やっぱりそうなのだと納得しました。

その頃、行きたい気もしていたのですが、急いで行かなくてもいいのではないかという考えがあったからです。

「靖国が質問に出たのは、あなたとご縁があったから」と華永さんが言ったとたん、全身に微かな寒気がきて、足元から頭の天辺へ震えが通り抜け、堰《せき》を切ったように涙が溢れて止まらなくなりました。

そして、華永さんの方へ向かって手を付いて、深々とお辞儀をしました。光の道を開き、魂がまた生まれ変わる選択へと導いて下さったことに対して、全身全霊で最上の御礼を返したかったのです。

これは私（過去世）一人の思いだけではなく、その場に集ってきていた、戦争で無念のうちに亡くなった方々の感謝の気持ちがすべて合わさった行動だと感じました。私一人なのに、私一人じゃない。不思議な感覚です。体験会に参加できたのは、このためだったのだ！　と、ようやく腑に落ちました。

嗚咽で自分の過去世の解説を全部聞き取れなかったのですが、第二次世界大戦中の混乱で、同じ日本人に殺されてしまった少年兵だそうで、過去の人生で何をしたか、されたか、よりも、文字通り今の日本を築き支える礎となって下さった、多くの尊い魂たちに思いを馳せ、光を照らすことが、特に大事に思えました（今もこの文章を書きながら、何とも言えない愛しい気持ちがこみ上げてきて涙が滲んでいます）。

会場に来る時、自転車に乗ったのですが、ペダルがやたらに重く、中々前に進みませんでした。なにやら強風のせいだけではないような……。まさか、幽霊でもいっぱい背負っているのかしら（笑）なんて、冗談っぽく考えていたんです。

これにも見事なまでに合点がいって、やはりこの体験会に来るべくして来たのだと確信しました。（ちなみに帰りはペダルが軽く感じ、坂道もスイスイ登れました）。

体験会では、得るものがたくさん、本当にたくさんありました。

もっと自分自身の直感を信じていいのだ！　ということ。転じて、内なる声にもっと耳を傾けることの大切さ。すべては完璧なタイミングで起こり、みんな繋がっていて、無駄な部分など何一つ無いという、スピリチュアリティのテンプレートとも言える概念を、体験を通して実感できたこと。

それから、今とても重要な局面にある日本の役割。日本に生まれた意味。靖国神社が浄化された暁《あかつき》には、必ず参拝したいと思っています！

お持ち帰りしたルルドの泉のエネルギーを転写した波動水を、さっそく愛犬にあげてみました。水入れに残っていた水を捨てて取り替えたので、特別喉が渇いていたのではないはずですが、波動水を入れるとすぐに飲んでくれました。ちゃんとエネルギーがわかっているのかもと思いました。

私も少し飲みましたが、一晩経ってみると肩凝りが大分楽になっていました。

本当に感謝いたします。

☆Tさん☆

華永先生との出会いは、ライターとして、ヒーラーさんや占い師さんを紹介する書籍の取材でした。

私はエネルギーなどを感じることがあるのですが、華永先生のオーラはとても明るく、第三の目がある額の辺りも美しく輝いていました。

ルキアスエネルギーのお話をうかがった時はとても驚き、同時にアセンションを迎える地球や人類にとってたいへん素晴らしいエネルギーだということがわかり、明るい希望を感じたのを覚えています。

体験会に参加させていただくことができて、ますますルキアスエネルギーの素晴らしさを体感したのですが、実は私の頭には宇宙からのコードが巻きついていること、そして腰の辺りに鳳凰《ほうおう》の卵が産み付けられていることが分かりました。鳳凰の卵はともかく、宇宙からのコードは勘弁して欲しいとルキアスマスターの方々にコードを取っていただくことにしました。それを引っ張ると多次元に繋がっていて、上から巨人みたいな人たちに覗かれているということで、ルキアスマスターの方々がとてもビックリされていました。

しかしこのコード、勝手につけられたのではなく私がある契約をして同意の上で付けていたのだとか。契約する際〝いつまで〟と期限を決めなかったために、ずっとつけたままでいたようです。この時はお互いに必要だったから契約して、今はもう不要だというのに、向こうもそのままにしていたとか。

「契約を終えたい」と言うと、突然ぷつんと切られてブランとエネルギーコードが落ちてきたそうです。頭がとても軽くなってすっきりしたのですが、鳳凰の卵は手放すのが惜しい気がして、そのままにしておいていただきました。

これでめでたし、と思っていたのですが、数日後、自分の異変に気がついたのです。どうしても文章が書けない、たった300文字の内容をまとめるにもひと苦労なのです。単なる五月病かと思っていたのですが、いつまで経っても回復しません。睡眠も栄養もしっかり摂っているはずなのに。試しに大好きだった小説や詩を読んでみると、内容が全く頭に入ってきません。全く原因が分からず、文章を書くのが苦痛になっていきました。(このままだと仕事ができなくなるかもしれない)と、転職することさえ考えました。

いよいよ限界を感じて華永先生に電話をしたところ、頭についていたコードが文章を書くサポートをしていたこと、今は鳳凰の卵のほうへほとんどのエネルギーが流れていることが分かりました。(ということは、やはり私はもう文章がかけないのだろうか)と絶望していると、そばにいたルキアスマスターの方が電話を代わってくださり、「これからは自分の能力だけで書けるようになりますから心配しないでください」とおっしゃってくださいました。それから、鳳凰の卵は孵化できる場所へ移動させてくださるとのこと。

華永先生が強いパワーを送ってくださり、それから少しずつ文章を書く力が戻ってきました。先生の声を聞いて安心したのか、その日はずっと泣き通しでしたが、とても貴重な体験をさせていただいたと思っています。

後日改めて体験会に参加した時、波動水をつくっていただきました。文章が書けなくなった時に受けたショックが残っていたのですが、この水を毎日飲むようになって文章を書くことへの不安や焦りがなくなっていきました。体の調子も良くなり、とてもありがたいと思っています。しかも、波動水は新しく水を注ぎ足して使える魔法の水！

いつか、ルキアスエネルギーの光華を受けたいと思っています。

✧ルキアスマスターについて✧

ルキアスヒーラーが華永よりマスター光華を受けると、マスターとなります。マスターになると、身体がガラリと変わります。

マスター光華

ルキアスヒーラーからマスターになりたいと申し出がありましたら、約6ヶ月間の見習い期間を経てマスター光華を行います。

マスターになるシンボルエネルギーが存在しています。そのシンボルエネルギーを光華することを、マスター光華と称しています。

このエネルギーを光華することで、マスターとして大きなエネルギーを受け入れられる器作りをするのです。器ができた瞬間に、ヒーラーからマスターになります。

マスターの特徴は、次のようになります。

1　筋肉痛がなくなる。どんなに激しい運動などをしても、筋肉痛が起こりません。軽い違和感があっても1時間程度で消えます。

2　身体が丈夫になる。風邪もめったにひかなくなります。
3　疲れなくなる。
4　少しの睡眠時間で足りるようになる。
5　邪気に強くなる。憑依体質だったとしても、跳ね返す力が強くなる。
6　ミスティックヒーリングの気功鍼や気功レーザーの威力が、一般のルキアスヒーラーより強くなる。
7　光華を行って、ルキアスヒーラーを誕生させることができる。

その後、非公開のシンボルを光華し、シンボル＆マントラ＆意味を公開し、その後ルキアスの集いにて、シンボル辞典に沿ってエネルギーを光華致します。その際、参加者は合掌することで、マスターに流れる大きなエネルギーをいっしょに受け取れます。ただし、自分が持っている器の分だけしか受け取れません。器の大きさは、集いへの参加と自己ヒーリングによります。

✦マスター光華を受けられた方の体験談✦

☆Yさん☆

先日、マスター光華を受けることができました。

まず、マスターのエネルギーを通せるようにするシンボルエネルギーを流していただきました。するとすぐに、腰に近い背骨と首の根元などの骨にエネルギーが来ているのを感じました。背骨に、痛いくらいに流れています。

いままでにないほどの、とても大きなエネルギーが流れているのが分かりました。骨をピシッと矯正されているような感じにも思いました。流されていると、だんだん不思議な幸福感を覚えました。体が、細胞が、なにか自分の体が、とても喜んでいるような、嬉しがっているような気持ち良さがありました。

大きなエネルギーが、いままで経験したことがないくらい激しく流れている感じがしました。

数十種のエネルギーの時、手と腕のあちこちに強いエネルギーを感じ、エネルギー的な私の腕が、どんどん太く強化されていくような気がしました。目には見えないけれど、まるで改造手術をされているようだと思いました。

エネルギーを一つひとつ直接光華されていると、その一つひとつに、体が反応します。それは、私の弱い所に流れて行って修復してくれたり、古い過去世の傷にぴゅっと飛んで行ったり、頭の中をぐるぐるかき回されるような感覚だったり、体の中心を上から下に向かって降りていくような感じだったり、目の奥に鈍い痛みを感じたり、透明なピンク色の、磨かれた石のブローチのようなビジョンだったりしました。

それから、私には分からなかったのですが、華永さんは、あるエネルギーの時、柑橘系の香りがしたとおっしゃっていました。

このように一つひとつシンボルエネルギーを流していただき、今回の光華は終わりました。

とても大きなエネルギーをたくさん流したので、倒れちゃうかもよ、と言われていましたが、帰りの電車で30分くらい眠って、起きたらすっきりと、とても元気になっていました。体がふらふらするようなこともなく、無事に帰り、就寝まで普通にすごしました。

夜、自己ヒーリングの時、光華された時に痛みがあった右手がまたピリピリとしたので、手から出ているエネルギーが大きくなっているのかも……と、思いました。

翌朝は、胃や喉や下腹がとても重苦しく、気持ち悪さで目覚めました。横になりながら、両手でエネルギーを流してしばらく寝ていました。

昼ごろには気持ち悪さや重苦しさは無くなって、起きていられるようになりました。これは、肉体にも前日のエネルギーが強く反映されたということだとおもいました。

前日、エネルギーは速やかに作用してエネルギー的な改造は素早く終わり、夜には元気になっていました。でも、肉体に作用するには時間がかかるのだと思いました。

だからちょうど朝、変容が必要だった胃や喉や下腹に、前日に受けたエネルギーが作用して、動かしていたのだと思います。エネルギーがやっと胃を動かしていて、気持ちわるい感じになっていたのです。気持ち悪さのなかに、お腹の中でグルーッと動いているエネルギーを感じるようになって、そう思いました。

オーラやエネルギーに作用する時間と、肉体に作用する時間には時間差があるのだと、理解しました。この日は、体のエネルギーも統合されつつあったと思います。

光華2日目。

大きなエネルギーが流れるためか、1日目と同じように、いくつか目から右股関節や右の肩関節や背中の一部や胸などが、痛くなりました。

とくに背中から胸にかけては、突然激しく痛み、「いたっ!! 痛いっ!!」と声が出てしまいました。本当に、そこはとても痛かったです。

前回は手のひらの中側、腕のスジが痛かったのですが、今回は関節が痛かったです。

きっと、通りにくい所やブロックがある場所、過去の傷の根深いものがある所などに通る時、痛みがあったのではないかと思いました。

光華している時は、一つ終わると「はあぁ～」という感じでしたが、すべてを光華し終わった時は元気でした。帰ってからも、普通にすごして就寝しました。

そして翌日は、目が覚めたら両肩の関節の背中側とひじの関節、そして両股関節が痛くなっていました。

3時間ていど2度寝をして起きたら、痛みはなくなっていました。

前回の時も、明け方に体が痛くなったりしていたので、面白い経過だなと思いました。

そして、昨日あたりから気がついたのですが、お腹まわりがすごく太っています。

大きなエネルギーを流すため、体が自分で太ったのでしょうか？

＊この方は初めてのマスターです。２０１０年7月で既に8番目のマスターが誕生し、現在は華永の力がこの頃と比べ十倍以上になっていますので、もっとシンプルに短時間で終えています。
マスターになると、器作りのために身体を大きくされます。骨が太い方は肉が付けられますが、骨が細い方は筋肉を付けられます。

マスター養成に対しての警告

ルキアスは、聖母マリアのような慈悲のエネルギーや、キリストのような愛と理解のエネルギーや、シバ神のような古い物の破壊と再生のエネルギーを司っています。それは女性的でもあり、男性的でもあります。陰と陽のバランスをとり、観念や想念を動かします。

このエネルギーは、誰でも簡単に手にできるものではありません。ルキアスエネルギーについてチャネリングを受けた時、次のようなメッセージが届きました。

「警告があります。ルキアスエネルギーを広めるにあたり、むやみに誰にでも伝授してはいけません。

あなたはこれから、どんどん人を見極める目が開くでしょう。

でもそれは、この人は良い、この人は悪いという審判のようなものではなく、このエネルギーを真に理解して使うことができる準備が整っているかどうか。

歴史の中で、なぜ神秘的な教えやプラクティスやマントラなどがすべての人たちに公表されなかったかといえば、準備ができていない人たちが授かってしまうと誤用されたり、誤解されたり、危険な状態になってしまうことがあるからです。

目覚めが起こっている今、昔のように秘密に保つ必要はだんだんなくなってきてはいます。ルキアスエネルギーは一種飛び火効果のようなものがあるので、目覚め、活性化された人と触れ合うことにより、周りの人にも良い影響があります。

だから、特別に伝授する（マスター光華）のは、最初は限られた人たちになさい。そして、その人たちが本当の闇と光というものを理解できるようにサポートしてあげなさい。

本当の力とは何かということを理解するサポートをしてあげなさい。

ルキアスエネルギーは他のエネルギーとは違って、言ってみればエネルギーに足が生えているようなものなので、勝手に一人歩きしてしまうことは起こりにくいです。

しかし、人々の集団無意識の力にパワーコントロールというエゴが大きく含まれていくと、誤用される可能性もあります。あなたから伝授された人たちが、また伝授する側（マスター）になるのをあなたは規制する必要があります。

ルキアスエネルギーは、あなたと共にこれからも変化していくでしょう。

いずれはシンボルも必要なくなっていくでしょう。

ただ純粋に、そこに存在し癒されるというものになっていくでしょう。

私はあなたと共にあるので、私の一番の理解者はあなたです」

この情報を受け取ってから、マスター養成に対して非常に警戒していました。間違った人を選んだらどうしよう……と。

その頃信頼していた先生に、あるマスター希望者についてご相談しました。

以前、マスターを作る時は慎重に……と言われていた先生は、以前のあなたの波動ならまだ気をつけなくてはいけない方々と出会う危険があったけれども、今のあなたならその心配も無いから、マスターはどんどん養成して大丈夫とおっしゃいました。

それに、マスターになっても残るのは30％のみ、だから、今のあなたはマスターを養成するのが仕事です……とも。

そして、私がこの方はまだ無理だと思うけど……とマスター希望者の名前を出すと、先生はその方を直接知っていたので、その人は憑きやすい人だからマスターにしてあげると憑かなくなる、だからマスターにして下さいと逆に頼まれてしまったのです。それで、少し不安に思いながらもUさんをマスターにしました。

あの時、自分の直感を大事にしてもう少し待てば、その方も落ちたりしなかったのかも……と長い間後悔しました。早すぎたのでしょうね。

その後マスターがテスト（マスターには魂の課題というテストがあります）に落ちる度に、毎回落胆していました。しかし、復活することも分かりましたので、今は待っています。その方々が自分の課題に真摯に取り組み、努力することを。

すべてのマスターが、一度はマスターエネルギーを引き上げられました。

無限ともいえるルキアスエネルギーは、とても素晴らしいものです。しかし、手に入れたらどう使っても自由というものではありません。宇宙神であるルキアスが、ルキアスマスターからマスターエネルギーを引き上げることがあります。

２０１０年８月１日現在までに、ほぼ全員のマスターが一度は落とされ、３名復活しています。５名は未だ落ちたままです。ルキアスマスターとしてあるまじき行為があったり、ルキアスとの約束を破ったり、魂のテストに落ちてしまうと、マスターエネルギーは引き上げられます。そう、ルキアスエネルギーには、意思が存在するのです。

マスターになると、各々違うテストがあります。それは、自分の魂の課題ができるかどうかのテストです。親との問題を逃げた人、お金の誘惑に負けた人、自分を見つめることから逃げた人、マスターになって自分の過去世の悪事が見つかったため、マスターになったことを後悔した人、自分のエゴで人を騙した人、派閥を作った人などなど。

初めてマスターが落ちた時には、その人に一から出直すようにと伝えましたが、実際は私も難しいだろうと思っていました。まずはその方のプライドの問題があったからです。

しかし、三人目の方は復活に挑戦しました。それとほとんど同時にもう一人も落ちました。理由はそれぞれです。二人いっしょに再挑戦し、一人が努力の末、復活。

その後、誕生したマスターたちも、一度はマスターエネルギーを引き上げられることがありましたが、努力して無事復活。努力を嫌がって未だ復活できなかった方も2名。3名は復活、5名が脱落です。

ネット上のルキアスエネルギーのコミュニティ（ｍｉｘｉ）に、マスターエネルギー消滅について、書いた内容を転載します。これを読んでいただければ、もっと理解が進むと思います。

＊――＊――＊――＊――＊――＊――＊――＊――＊――＊――

数人のマスターが、マスターエネルギーを引き上げられました。

それぞれ理由は違います。

最初のマスターが引き上げられた時とは違い、自分を見つめ直してて反省し、乗り越えることができれば、エネルギーは一瞬にして戻ってきます。

でも、そんなチャンスはたぶん一回のみ。死ぬほど努力してダメな場合は、次のチャンスもあるかもしれませんが。

二回目の努力でも落ちるというのは、かなりな問題があるということです。まずは、本人に反省がなく、自分の落ち度を見ようとしないこと。


テストとは、長い転生の間に自分自身が作り上げた魂の癖のようなもので、それが執着だったり、自分のやったことを認めない（自分を見ようとしない）ことだったり、人への責任転嫁だったり、魂の分裂だったりします。

個人個人、千差万別で違うので、次に出てくるのは何だろうと思うほどです。

マスター見習いの時にテストされればいいのに……と思うのですが、マスター光華を受けると、大きな光があたる分、闇が濃く浮き上がってきます。魂の課題が浮き上がってくるのです。マスターになることで、自分が蓋をしていた闇を見せられることになり、問題を解決するように促されるのです。

つまり、このテストに受かるということは、魂の重さをクリアできるのです。魂なのか肉体に入った時に起こる癖なのかは、今の私には分かりませんが、これをクリアしなければ、アセンションの時に登っていけないのです。

波動を軽くしなければ、皆のアセンションを助けることは到底できないのです。だからマスターたちには厳しいテストが与えられ、魂の癖を修正し、軽くしなくてはならないのです。

こう私は理解していますが、私がもっと進化すれば、もっともっと深い意味が分かるのかもしれません。

分かった時点でまたあらためて、皆様にお伝えしたいと思っています。

落ちて復活するには、たいへんな努力が必要です。

落ちてしまった理由について、私や他のマスターからの説明を、真摯な気持ちで受け止める方は復活が速い！

逆に、いつまでも自分を甘やかして自分を見ようとしない方は、難しいです。

それでもチャンスはあるのですから、頑張ってほしいものです。


現在は、３名のマスターとなっています。

この方々にとっては、今後も続くマスターの成長を助けることもお仕事となります。

大事な時期だからこそ、マスターの魂の癖の修正は、絶対必要なことでもあります。

これから本が出版され、ルキアスエネルギーが徐々に広がりを増していくことでしょう。

そして私の進化もスピードアップしていきます。皆様もぜひごいっしょに進化して、共に新しい地球の住人となりましょう。

アセンションが何のことやら……と思われていてもかまいません。世の中がその道を進んでいることは確かです。

これからたくさんの天変地異が起こることでしょう。少しでもそれを軽くするために、私やマスターたちが働きます。

２００８年12月にはエジプトを浄化し、２０１０年４月にはギリシャを浄化し、５月に日本の主要なレイラインを浄化する旅を始めました。

まずは佐渡に渡り、新潟から長野へ車で向かいました。佐渡は金山があったからか、大きな浄化が必要でした。負のエネルギーがかなり充満していて驚きました。車で移動したので新潟から長野への道に関が原跡がありましたが、のどかな土地なのに酷い邪気の嵐で浄化に手こずりました。日本各地にも、まだまだこのような土地があるようです。

9月秋分の日は、オーストラリアのエアーズロックへ行きます。地球のへそであるエアーズロックにて光の柱を立て、地球全体の浄化のために救済の柱も立ててきます。そして、地球のエネルギーを地球とともにアセンションする宇宙にも届けます。

＊——＊——＊——＊——＊——＊——＊——＊——＊——＊——

✧ マスターは波動を軽くすることが必須 ✧

アセンションするためには重い課題をクリアして、自身の波動を軽くすることが必須です。特にアセンションを手伝うエネルギーのマスターは、重いままでは許されません。マスターになると、魂の課題をクリアするように促されるのです。

パート４　ルキアスエネルギーを使った
その他セッション・スクール

「エーテル体 & アストラル体クリーニングセッション」から「ライトボディ復活 & 全チャクラ開放 & 不要なカルマ消滅セッション」へ

誰でもオーラという言葉を幾度となく耳にしたことがあると思います。

「あの人はオーラがある」「オーラが輝いている」など。オーラは生命エネルギー体であり、保護膜の役割も果たします。肉眼でははっきりと見えませんが、肉体や精神、魂、その他、今の私たちでは知りえない状態を反映するもので、色や形は人それぞれです。

シュタイナーがいう構成体では、オーラは肉体から近い順に、エーテル体、アストラル体、自我、霊我、生命霊、霊人というふうに何層にも重なっています。

「エーテル体 & アストラル体クリーニングセッション」は文字通りエーテル体とアストラル体のみをクリーニングするものですが、これらが癒やされたり進化することで間接的にメンタル体、コーザル体、コスモス体にも良い影響を与えることができます。メンタル体・コーザル体・コスモス体は、基本的には本人以外の何者も入り込むことができない神聖な領域で、本人だけにしか癒やしたり進化させることはできません。

次のような事象について、私は菌という表現をしていますが、これは一般でいう物質的な肉体を蝕《むしば》む細菌ではなく、人のメンタルな部分に作用するウイルスのようなもので、感情に繋がるものとなっており、カルマに繋がるものともいえます。

これまでに「無になる」「依存症」「馬鹿になる」「カルマ」「虚しくなる」「狂暴になる（メンタル）」「コラーゲンを石化する」「膨満感」「臆病にさせる」「不安になる」「恐怖を覚えさせる」「キノコとクモ（不妊作用有）」「名誉とパワー欲」「間違えて強気になる（悪の力を使ってでも）」「心配症」「化膿」「カルマの迷路」「狂暴になる（神経回路など肉体から）」「エーテル体の石化」「負になる」「蛇の捕食のため痺れさせる」「霧の中でさ迷わせる」「目的が霧の中」「神経萎縮」「腐食」「バイオジェル（浸蝕）」「バイオジェル（性転換）」「バイオジェル（脂肪を食べる）」「中に入った異物を石化する」「ゾンビ化」「トゲトゲした言葉を出す」「見方がネガティブ」「言葉の意味を反対にとる」「疑り深くなる（自分、他人、神）」「同じことをクドクド言う」「強迫神経症にさせる」「狭める（言葉、行動）」「心臓を攻撃」「執着（人、金、物）」「中毒」「正体を見せない」「正体を誤魔化す」「引きずり込む」「頭や目を覚まさせない」「麻痺させる」「陥れる」「不安にさせる」「張り合う」「悲しみが同調」「負に同調」「負にさせる」「ショックや悲しみを思い起こさせる」「ネガティブに同調」「負を忘れさせない」「違うものを受け入れない」「ネガティブなものを思い起こさせる」「悲しみにひたる」「自分を被害者にしておく」「裏切る」「自分を傷付ける」「自責の念」「絶望」「無かったことにしたい」「羨ましい」「善悪が分からない」「腐敗」「身代わり」「間違った責任感」「過保護」「やりがいが感じられない」「途中で諦める」「放棄」などの菌が発見され、これらのカルマの糸を切ることで８割はこの世から消滅していますが、学びのために発生した残りの２割は、そのままです。

この２割に関しては、学びに必要なので仕方がないと思っています。しかし他の８割は、ある存在が地球人の成長を邪魔するために過剰につけたことが分かっていますから、消滅させているのです。カルマに雁字搦《がんじがら》めにされて、どうしていいのか分からない状態にされている方々が、世の中に溢れ出しているからです。菌とはカルマだったのです。

２０１０年６月下旬には「エーテル体 & アストラル体クリーニングセッション」と銘うって、２週間毎日連続して、一日２名のセッションを行いました。

すると、人間にはカルマの種類の数が１２８パターンあり、一人で何パターンも持つ人がいることが分かりました。一人に何パターンと決まっているのではなく、人によって１パターンの人もいれば10パターンある人もいます。しかし、すべてのパターンを合計すると128あるのです。

過去世での生贄《いけにえ》や儀式などで切り取られてしまったエーテル体を復活させるため、人間の128パターンにこのセッションを行うと、全世界の人々に波及するということが分かりました。

セッションを開始した頃は、菌や生き物（含インプラント）や過去世の呪文なども排除したり消滅させたりして、オーラをキレイにしていました。そのため、「エーテル体＆アストラル体クリーニングセッション」としていました。

エーテル体は身体のすぐ外側にあるエネルギー体のことで、肉体を守る保護膜のようなものです。エーテル体が正常な状態であれば肉体も健康ですが、この膜にいろんな物（生き物・道具・菌）が入ってしまうと体調を崩したり、それが精神面に影響を及ぼしたりします。

一方アストラル体は、肉体からの感覚（五感）を通して形成され、認知力や精神に影響を与えるものです。菌はアストラル体まで入り込みますが、生き物や道具はエーテル体まででしか入れません。

128パターンすべてが完成したのは、「コアまで戻るセッション」においてです。7

月20日、128パターンへのセッションが終了し、全人類へそのエネルギーを送り、すべての人類はエーテル体が完全になりました。

このセッションを受けるために、遠くは北海道から近くは相模原からおおぜいの方々に来ていただきましたが、その方々のお陰で無事セッションが完成しましたので、大いに感謝しております。

ライトボディについて

ライトボディとは、人に内在する、高次の光のエネルギー体です。ライトボディを覚醒させると、至高感、無条件の愛、平静などの状態になれると言われています。

ルキアスマスターの幸華さんがルキアスにアクセスしたところ、次のようなことが分かりました。

☆エーテル体
肉体を守る膜のようなもの。

肉体に大きく影響を与える。

この膜にいろんな物（生き物・道具・菌）を入れてしまっている。

☆アストラル体
肉体からの感覚（五感）を通して形成され、認知力や精神に影響を与える。

菌はアストラル体まで入れるが生き物、道具はエーテル体まで。

つまり私たち（華永やマスター）がセッションしているのはアストラル体まで。

しかし、肉体、エーテル体、アストラル体の癒し、進化によって間接的にメンタル体、
コーザル体・コスモス体にも影響を与えている。

メンタル体・コーザル体・コスモス体に、基本的には本人以外の何者も入り込むことができない神聖な領域。

本人によってのみ癒したり、進化したりできる。

☆メンタル体
六感を通して形成され、さらに深い認知力や精神に影響を与える。

☆コーザル体

個人のなかにある神（性）とつながっている。

☆コスモス体

無・宇宙全体の神性とつながっている。

ライトボディを復活するとは

ライトボディは生まれ変わってもほとんど再生しないようです。過去世に傷つけたものはそのままで生まれてきます。

最初にそれに気づいたのは、２００９年関西での「ルキアスエネルギーの集い」ヒーリング実践練習会の時でした。その時の参加者の一人が、まるでまぐろの解体ショーのようにエーテル体がアチコチ切り取られていました。この方は子供の頃ＵＦＯを見たことがあり、その後宇宙人に取り囲まれている怖い夢を見たそうです。インプラントを入れられていたり、エーテル体が切り取られている人たちは、ＵＦＯ目撃者がほとんどですね。夢だと思っているようですが、実は夢ではない、そんなことがよくあるみたいです。

その後、ヒーリングの練習会でエーテル体が無い人に気づいたことが何度もありました。体は五体満足でも、ライトボディは切り取られたままという方々。その部分は肉体的にも不調箇所となります。過去世において物質界以外の世界と繋がったことがある方は特に、呪いをかけられていたり、封印されていたり、生贄になっていたり……などが要因となり、欠けているのです。肉体的に切られたりした場合も、転生の度に同じ箇所が傷つくことが多いようなので、ライトボディも傷ついている場合が多いです。ライトボディはカルマに深く関わっているようです。

以前は過去世に戻って封印を解いたり、呪いの呪文を消滅したり、生贄として捧げた黒い神様に談判したり、地獄の守護者である大天使ウリエルに頼んだりしてエーテル体を取り戻していましたが、いくつもの過去世を解決しても、それが始まる原因となったコアの問題を解決しなくてはどうにもならないと言うことに気づき始めました。

そこで、その魂がカルマを作ることになったコアの出来事を解決するようになっていきました。コアの問題を解決すれば、その後の転生で付けられた呪文やエネルギーコードなども消えるのです。そこで、2010年7月までは、その方のコアの部分まで戻ってのセッションとなりました。

邪気が憑かずカルマの無い身体に変身

その後、連続で始まった「ライトボディ復活 & 全チャクラ開放 & 不要なカルマ消滅セッション」により、コアまで戻らなくてもカルマを消滅できるようになりましたので、もっと短時間でカルマ無しの人を誕生させられるようになりました。

華永が光を送ることで、受けた方の全チャクラが開放され、全チャクラが融合して螺旋を描き、カルマが引っかからない球体になるのです。すると、邪気が憑かない素晴らしい光の身体になります。

また、エーテル体には、能力を止める留め金（ブレーカー）のような働きをする、クリスタルがあります。地球に降りてくるときに、人間的な限界を見たり、感じたりすることができるように、肉体に入る前にこうした装置を体の中に入れたそうです。

私達は、原始反射（後述）のバランス統合を行っている時にクリスタルが出てくるのに気づいて、それを抜き始めました。ただ抜いて捨てるとまた戻ってくるものなので、必ず「必要なところへ」と言って手放しています。

特に「ライトボディ復活 & 全チャクラ開放 & 不要なカルマ消滅セッション」を行うとクリスタルがすぐに出てきて、それをそのままにしてると、足がつったりと不調になります。それを抜くと、体調が良くなり能力も出始めます。

現在は、自動でクリスタルが抜けるよう（身体から勝手に抜けていく）にしています。


それから、「光の設計図を作る」ことで、その方の肉体を通じて、魂が生まれた宇宙からのエネルギー（光）を地球に注ぐことができるようになりました。その方がいるだけで地球にエネルギーが注がれ、その場を浄化し、光の場所を作っていきます。

それは2010年8月1日まで続き、分散していたカルマのカードがすべて回収できました。もうカルマは終らないものではなく、自力でも終えることができるものになっています。


華永とマスターがチームを組んで「ライトボディ復活＆全チャクラ開放＆不要なカルマ消滅セッション」を行っています。このセッションで、浄化が要らない身体になり、地球にエネルギーを降り注ぐ歩く光の柱となることもできます。

8月17日から再開された「ライトボディ復活＆全チャクラ開放＆不要なカルマ消滅セッション」では、脳自体に320のチャクラがあることが分かり、そのチャクラの開放も行っております。

脳のチャクラの開放は、身体のチャクラの開放ともなり、主要なチャクラ以外の、今まで知られていなかった体の内外にある多数のチャクラが開放されています。

「脳のチャクラにあるネガティブなカルマの消滅」
「脳のチャクラにある不要なカルマ消滅」
「脳のチャクラ開放」（受講者が受け止められる範囲の脳のチャクラ）
「全チャクラにあるネガティブなカルマの消滅」
「全チャクラにある不要なチャクラの消滅」
「全チャクラ開放」

光の設計図を作る

光の設計図とは、魂が生まれた宇宙とつながり、その宇宙の特性を地球に降ろす導管となるための光のラインです。

これによりチャクラが開き回転を始めます。

←チャクラが螺旋を描き融合されていきます。

←チャクラが球体になります。

←邪気を受けない身体になります。

←光の設計図を作ることで自分の宇宙と繋がることができ、その宇宙からの叡智のエネルギーを自分を通して地球に注ぐようになります。

←グラウンディングも問題なくできるようになります。

←エーテル体から能力を止めていたクリスタルが溶け出し、色々な能力が活性化します。

←歩くだけでその場や周りの人達を浄化する身体になります。

←周りの人達のチャクラの活性化に影響します。
←カルマが無くなるので、人との軋轢《あつれき》が消えます。
＊その他、いろいろな良いことが起こります。

ライトボディ復活＆全チャクラ開放＆不要なカルマ消滅セッションを受けられた方の体験談

☆Iさん☆

セッションからずっと、これまでの自分の生きてきた道のりを振り返ってみました。本当にこれまで努力して、一生懸命生きてきたのだなと我ながら思います。

そして、今こうして幸せでいられるのは、先祖様や両親、姉妹、良き友や仲間に支えてもらえたからだと感謝の気持ちでいっぱいになりました。こうした人たちがいなかったら、きっと闇の世界に落ちていたでしょう。

あらためて、自分のコアな部分に触れ、負の感情を心の奥底、魂の部分で今まで引きずっていたことを知り、「ああそうだったんだ」と腑に落ちました。

そして翌日、双子の妹とのランチの時に、おしゃりをしていて納得できました。

妹には、まったく負の感情はありません。根っからのポジティブ人間、私とはまるで正反対……。双子で感情をプラスとマイナスで真っ二つにしたかのようです。

妹がぜんざいの砂糖とすると、私は塩。私は家族の中でも塩のような存在だった！　と思いました。

セッションの最後の場面で、丹田の底の部分に真っ暗闇の涙のモヤモヤが渦巻いていましたが、意識してそれを取り除き、ピンク色の蓮の花を咲かせて、太陽と月の光の玉を添えました。

今は、魂の部分までクリーニングしたのだから、それに見合った思考回路にしなくてはと意識しています。

まだまだ自覚は薄いですけれど、コアを知ってよかったと思っています。

そういえば、当初、目と頭が痛くてクリスタルを抜くようにしたら痛みが取れてきました。また、太りだして妹に肩の周りの肉付きが凄いと言われ、顔も心なしかごっつくなりました。

――その後のご連絡です――

目の奥の痛み、頭痛も楽になりました。それまではクリスタルが抜けかけているとは気づかず、痛み止めの頭痛薬に頼っていました。

セッション後1週間くらいは頭痛が続いていたのですが、クリスタルに気づいて抜いたので、今はまったくありません。

前は、私なんて死んでもいいやとか、年中、心の中に負のスパイラルがひしめいていたのに、今は、すっかりそんな思いがなくなりました。どちらかというと、マイペースの強さが出てきています。

それから、最近になって私の職業である薬剤師としての講演依頼がいくつか来ています。算命学で持っている教える星が動き出したかなと思います。

これからは、自身に自信と決断を言い聞かせてポジティブに活きます。

コアの部分に触れることで、魂の奥底に漂っていた真っ黒い闇の部分が浮き上がってきたことが今も鮮明に思い出されます!

そして、時間の経過と共に魂がクリアになっていっていることを実感します……。

それから余談ですが、先日「幸運の女神くじ」を買ってみましたら、当たりました!

(ご褒美?)3等10万円でした。

☆Mさん☆

セッションを受け、1週間たちました。

すねのアトピーのかゆみがセッション直後から消え（いつも無意識にポリポリ掻いていました）湿疹の半分以上が消えています。

朝起きると、化粧水もつけていないのですが、肌がなんか違います。皮膚が一番ライトボディに近いからか、変化が顕著です。

過食もとまり、なにより、メンタルが不思議なほど落ち着いています。

またご報告します。

ありがとうございました。

――その後のご連絡です――

あのセッションを受けてから肌がモチモチのままです。

さらに、ルキアスの自己ヒーリングの効果をすごく感じています。

夜中に足がつった時も、あの痛みの中でとっさに天地の気功鍼をさしただけですぐに治ってしまいました。以前だったらありえないことです。つった足の痛みが瞬時に消えるなんて。

なにか、違います。

セッションでは、ライトボディが前後左右に回転する感覚がありました。その後、変化というものがよくわからなかったのですが、これはクリスタルを抜くという作業をしていなかった為と後日わかりました。

私の場合、ハートで感じる（？）という感覚が高まっていて、モニャモニャしたり、ワクワクしたり、痛んだり、ドキドキしたり、なんだかこういう感覚ははじめて（小さい頃はあったのかもしれませんが覚えていないのです）でビックリしてしまいました。

意味がわからず不安になりましたが、マスターにハートが開いてきたのだと教えていただき、私の感受性を豊かにしてくださって本当にありがたいと思いました。

自分の子供をすごく愛おしいと思った経験がそれまではあまりなかったのですが、頻繁に感じるようになり、子供のことが心配で夜も眠れなかったりという体験も初めてしました。子供が白目をむいて痙攣したときも、弱視で盲学校のレベルだとわかったときも、感情が淡々としていたのです。

母性がないのか？　と悩んだりしたこともあります。今思うと、すごくハートを閉ざしていたのですね。

セッションを受けて、ココロが静かになったというよりは、ココロが豊かになったように感じます。

モノクロがカラーになったように、鮮やかになったように感じます。

それまではなかった心配などもしてしまいますが、味わってみたいと思います。

自分の宇宙から来ているエネルギーですが、年に1、2回、自分がピンチのときに感じるエネルギーと同じものだと思っています。

大小はあるものの、毎晩、意識をするとエネルギーが降り注いでいるのを感じます。まるでしんしんと雪が降っているかのように。

そして、昔のことなどを思い出し、ハートから沸いていきたフィーリングを詩に書いてみたりしました（見せることができませんが）。ダンス（フラメンコを習っています）の手の表現にも、以前とは違うものを感じます。

私の宇宙の特質は、集めると包み込むとのことですが、まだ、それがどのようなことなのかは分かりません。いつか分かるのを楽しみにしようと思います。

今は、感じること、表現することが高まっているようです。面白いですね。

そして、仕事でもカフェでカウンセリングのようなことをしていますが、お客様がふらりとお話にきたりとか、そうしたさまざまなことも、物理的な疲れは感じるもののこういう毎日って楽しいな～と感じています。

フラワーエッセンスを選んだりするときの、イメージ力も高まったような感じもあります。

これからも、どんな驚きがあるのか楽しみにしていきたいと思っています。

本当にすばらしいセッションを、ありがとうございました。

☆Nさん☆

セッションを受けてからは、とにかく体が軽いです。だいぶ前に、アロママッサージを受けた当日にだけ感じた軽さと同じです。慣れてしまえば、感じなくなってしまうかもしれませんが、体の巡りが改善されているのかもしれません。

音感についても、それまではとりにくかった音がとりやすくなっているので、改善されているようです。

もともと、人間関係にさほどの悩みはなかったのですが、寛容さが増した気がします(自分でいうのもどうかと思いますが)。

疲れにくく、暑さがあまりこたえないようになりました。暑さ＝辛いではなく、暑さ＝暑いになりました。

もちろん、肌の調子はここ何年かでは一番いいです♪

私は、もともとリンパの流れなどが他の方と比べて低水準にあり、変化が分かりやすいのだと思います。なにしろ、アロマの先生やリンパの先生に「ひどい」と言われておりましたから。

いろいろありがとうございました。

☆Mさん☆
疲れにくくなり、気力が出てきたことが大きな変化です。

数年前から友達と、「体力とか気力って売ってないかねぇ」って話していたのですが、本当にそれが買えた（?）ような気分です。

前回の集いの時に、以前から気になっていた友達との関係について、会うべきか、会わないべきか、あるルキアスマスターに相談したところ、「やっぱり嫌だと感じるのか、思っていたより良いと感じるのか、会ってみて自分の感覚を確かめてみるのもいいと思う」とアドバイスをいただき、会ってみました。

久し振りで話も弾み、自分が気にするほどではなかったかな、と思っていたのですが、時間がたつにつれて肩が凝るというか、ずっしり重くなってきました。何時間もしゃべったから疲れたのかな、と思っていたのですが、その人が帰って少したつと、肩の重みがスーッと消えたので、すごくビックリしました。

それまでを振り返っても、確かに会うと楽しいので、頻繁に会うようになると自分が嫌な思いをすることが多かったことを思い出しました。ときどき会うのはいいけれど、べったりと付き合うのは避けたほうがいいのかな、と感じました。

小さなことですが、肩の重みを感じたり、それが急になくなったり。すごく驚いたので、報告させていただきました。

それから、以前、先生に「もう少し、しっかりするように」とアドバイスをいただき、最初は何を変えればよいのか分からなかったのですが、時間がたつに連れて、自分がやるべきこととか、しっかりするという意味が分かってきた気がします。

数年ぶりに外で仕事をしたい！　という気持ちになったことも、私の中では大きな変化でした。

肌の方も、その後一度も悪化することはなく、ツヤツヤの状態を保っています。この数ヶ月で一気に良くなったので、会う人みんなに驚かれています。

本当にありがとうございました。

☆Fさん☆

光華とセッションでは、お世話になりました。

その2日ほど前から、冷房のせいなのか、普段はかかるるはずのない夏風邪の症状で、ノドは痛いし、鼻はずるずる、夜行バスで寝不足だし、ふらふらでうかがいました。

体調不良の割には、帰宅した次の日には、すっきり楽になりました。

毎日ではありませんが、自己ヒーリング、シンボルを使って、エネルギーを流しています。最近は、習慣になってきたように思います。

ここ3日ほど不思議なくらい体調がいいので、お知らせしたいと思いました。

睡眠時間は4時間ほどなのに、すっきり、体も軽く、機嫌もいい。今まで慢性的に疲れていてだるかったのに、この猛暑でこの体の軽さはとてもありがたく、気持ちがぐんと前向きになります。

エネルギーも、日に日に馴染んできているような気がします。

癒しのシンボルを流すと、肩甲骨《けんこうこつ》のあたりと頭のあたりが反応するので、堅いといわれていたところかなあと、思っています。

昨日など、いきなり頭の左から、棒状のものがずずっと抜けていったような感覚があり、びっくりしました。

＊（華永註）「ライトボディ復活 ＆ 全チャクラ開放 ＆ 不要なカルマ消滅セッション」を受けると、エーテル体から不要になったクリスタルが出てきますが、この方は抜くのを忘れた方です。

✧ 自動クリスタル処理の体験談 ✧

☆Kさん☆

自動クリスタル処理の設定をしていただいた後、鼻のむずむず、ズルズル感は90％以上がなくなり、手足の指先から出ていたクリスタルのちくちく感が、全くなくなりました。たまに大きいクリスタルが出た時に痛みが来るくらいで、すごく楽になりました。なにしろ、街中での「ハクション！！」がなくなったのが嬉しいです。

☆Mさん☆

自動クリスタル処理をしていただいてから、体全体から細かいクリスタルが抜けている感覚がありました。自己ヒーリングからの手足の痺れに拍車がかかり、痺れと共にちくちく痛みが出始めました。

先生から、顎が反応していると言われて納得。数日前から右側が痛かったり、歯を食いしばる癖があり、かなり顎の負担は大きかったはず。そこにクリスタルが溜まっていたのでしょう。

さらに、自動骨格調整をしていくと良いとか……。きっと、歯の矯正期間も早まりそうな予感。こつこつやっていこうと思います。

その後は、目に異変があり、白目は赤くなって右目にはゴロゴロと異物感。いろんな角度からクリスタルを剥がすような仕草を続けていたら、家に着く頃には和らいでいました。最後に目を洗ってすっきりすると、赤かった白目も普通に戻っていました。

その後もちょこちょこ、軽い痛みや違和感があるので、クリスタルが抜けていってるんではないかなと思っています。

✧ミスティックヒーリング講座✧

ミスティックヒーリングとは、邪気のある所にシンボルを入れた気の鍼を刺す（気なので、針などの物質を刺すわけではありません）ことにより邪気が抜け、不調が素早く改善するものです。

○気功鍼……身体の奥深くの邪気のポイントを、シンボルを入れた気の鍼を刺すことで浄化し、取り除くことができます。

○気功ネット（網）……気の網を身体の一箇所から入れて、中に存在する邪気を投網のように包んで抜きます。

○気功レーザー……気功鍼よりかなり威力があります。マスターが使うとエーテル体などにも届くので、主にエネルギーコードを切り取る時に使います。

○気バキューム……一箇所から入れて、邪気を吸い出します。

◎ミスティックヒーリング専用のカルマを解くシンボルを伝授します。これは、ヒーリングの時にもう一段上のランクとして使えます。

◎人の身体を触らずに浄化、ヒーリングができるようになります。

ミスティックヒーリングの伝授を受けると、魔法のような力を得るので、アニメに出ている道具などもヒントにして、ヒーリングすることができるようになります。

ヒーリング時間が一気に短縮でき、効果も素晴らしいです。

☆受講資格

ルキアス光華を受けていること。

華永が受講可能と思えた方。（マスター会議もあります）

＊ほとんどの方は受講可能です。

憑依が著しい方は、「ライトボディ復活 ＆ 全チャクラ開放 ＆ 不要なカルマ消滅セッション」を先に受けていただきます。精神的に不安定な方は、受講できないこともあります。

＊「ライトボディ復活 ＆ 全チャクラ開放 ＆ 不要なカルマ消滅セッション」を受講されている方は、光華を受けた直後でもミスティックヒーリング講座が受講できます。

ミスティックヒーリングを受けられた方の体験談

☆Mさん☆

ミスティックヒーリング伝授の時、いっしょに受けたYちゃんが、私が受けている時にまばゆいばかりの光が降りてきて（私には何もみえなかったのですが）、最後には明るい赤い光につつまれたのが見えたそうです。

そして、ミスティックヒーリング練習の時、Yちゃんのオーラクリーニングをしてからオーラをやさしくなでていくのですが、はじめてなのでうまくできません……。

教えてもらいながら、ものすごくぎこちなくやりました。

そして、鍼を打っていくのですが、どこをどう打ってよいのやら……（焦る私）。

でも、オーラをなぜていくうちに……、そう！　勝手に腕が動きだしたんです。自分でもびっくりなんですが、左腕をうごかしながら、ベッドの周りをくるくる自然にまわりだしたのです。

どうやら、浄化しながら、まだ弱い自分のエネルギーを補強するために（最大限の力を発揮するために）まわっているようです。Yちゃんも、こんなヒーリングは初めてだと驚いていましたが、私が一番驚愕です。

そして、私のヒーリングを受けているYちゃんは、過去世の、戦士だった時代に戻ったようです。

Yちゃんが、「刺さっている剣を抜いてほしい！」と言うのですが、しかし、がんばっても剣は抜けないのです（というか、もう鍼を打つとかいう範囲を超えているので、方法も分かりませんでした！）華永さんにその方法を教えてもらい、なんとか抜けました。

しかし、今度はYちゃんが、「光の剣で刺してほしい」と言うのです
どうやら、剣は戦士にとっては誇りであり勲章のようなものなので、光の剣なら刺されたいとのこと。

そこで、今度は光の剣を刺しました！　たくさん、たくさん……。

その時、他の人が、夕陽をバックに大男の戦士（私です）が剣をさしていた映像を見たそうです。ちなみに、私は過去世で、数万もの兵を率《ひき》いる戦士だったこともあるそうなのですが、その時の私がお手伝いしてくれたのかもしれません。

Yちゃんにヒーリングを続けていると、今度は、彼女が天使の時だった過去生がでてきて翼をくくられているから、はずしてほしいと言いました。

翼を、頑張ってほどいてあげました。けれども相当傷ついて、片方は羽が取れかかっています。今度は羽をなおしてほしいというYちゃん。

羽……、羽はどうやってなおすんだろう？　でも私のからだは、Yちゃんが指さすほうでなく、違うところに動きます。

どうやら、羽をくっつけるより先に浄化、そのほか傷ついた部分を修復するほうが先のようです。私は、体を思うままに動かしました。。

そのうちに、本当に羽をバタバタさせて（実際は手）泣き出すYちゃん。天使になったようです！

私もびっくりしていると、華永さんの登場です。

天使の課題で、悪魔に捕まったYちゃんでしたが、華永さんの「逃げ切れるから大丈夫。ここまでおいで」の言葉を聞いて、頑張って逃げることができました。

勇気をためす、天使の課題に合格できたんです。

私も横でエネルギーを送りながら、そんな風に声かけしてあげればいいんだと、とても勉強になりました。

ヒーリングスクール

今の時代、日本でもヒーリングのお仕事をしている方々がたくさんいらっしゃいます。その方々はとても感性が良く、霊感が備わっている方々でもあります。しかし、それ故に、霊障に苦しめられている方々も多いのです。

特に、ヒーリングしてあげた直後から苦しくなったり、体が疲れきってしまったり……など、よく聞く話です。人に憑いているものを肩代わりしてあげただけ、なんてことがよくあります。そこまでひどくなくても、邪気を受けて体調を崩すなどはしょっちゅうのようですね。

しかし、正しいプロテクションや、チャクラを開放して球体にすることで邪気が憑かない身体になれれば、怖いものはありません。そんな身体で気功鍼が使えるようになれば、ヒーラーとしても強力なツールがあることになります。

このスクールでは4つの講座を受講していただきます。

一、ルキアス光華を受け、ルキアスヒーリングを学ぶ。
この参加者には華永が直接光華致します。

二、ライトボディ復活＆全チャクラ開放＆不要なカルマの消滅セッションを受講。
カルマ無しの邪気を受けない光の柱になります。
参加者は、過去世からの魂の課題についてのアドバイスを受けることができます。

三、ミスティックヒーリング講座受講。
ミスティックヒーリング伝授を受けることで、気功鍼などが使える魔法の手になります。

気功鍼を使った実践練習を行います。

四、能力開発（何の能力があるかを調べて、伸ばします）
全四日間で、ヒーラーとしての常識を学ぶ講座もおりまぜていきます。

詳細はルキアスエネルギーのホームページをご覧下さい。

ライトボディ復活 ＆ 全チャクラ開放 ＆ 不要なカルマ消滅セッション

三次元での生活では、生きるためにいろいろな苦難があります。

例えば、人間関係が上手く行かないこと。酷いことをされたと恨んだり、怒ったり、そして自分自身もやってしまったり。これには、カルマが介在しています。病気もその一つです。

しかし、今や世界は、分離の極みに達しようとしています。

もう、カルマゲームは終わりです。これからは融合の時代です。

カルマのカードを一つ一つ回収しています。だから、カルマにおびえることはないのです。

もうすぐ終わるカルマゲームの分離の時代を早めに去るようにして、融合の世界へ行く準備をしましょう。

「ライトボディ復活 ＆ 全チャクラ開放 ＆ 不要なカルマ消滅セッション」は、その準備を進めてくれるとても素晴らしいツールとなります。

自分の魂が生まれた宇宙と繋がり、そこから地球へ、あなたの身体を光の柱にして素晴らしいエネルギーが流れ込むのです。地球にあなたがもたらした叡智が充満し、新しい地球が誕生します。そしてあなたは、邪気を受けず、どこへ行こうと光を降り注ぐ存在となります。

こういう方々を増やし、地球を軽くすることが、アセンションを手助けする私たちの役目でもあります。

その他セッション

○ヒプノセラピー（前世療法）＆クリスタルヒーリング
○算命学鑑定（ヒプノセラピーの前に行っております）
算命学鑑定のみは受け付けていません。
○タッピングセッション＆ミスティックヒーリング
○リズミック・ムーブメント（ＲＭＴ）による原始反射のバランス統合

原始反射とは、赤ちゃんによくみられる本能的な反射運動です。唇に物が触れると吸おうとする、手のひらに触れると握ろうとする、大きな音がすると両手を広げて驚く、など。これらは成長するにつれて統合（消失）していきますが、この原始反射が残っていることで運動能力や感覚、恐怖感が強すぎるなど、人とのコミュニケーションにも支障がある場合があります。

私が原始反射のバランス統合に使っているのは、主にRMTです。

赤ちゃんが行う動きは、神経ネットワークの発達になくてはならないものです。その動きは、ネットワークの成長や枝分かれ、軸索《じくさく》の髄鞘化《ずいしょうか》を促します。

また、頭部のコントロールや筋緊張の発達のためにも、これらの動きは重要です。新生児が自由に動き回れない場合、その後に大脳新皮質の中で起きる良質な統合のための十分な感覚刺激も受けられないのです。

RMTは能動的、受動的の両方があります。理想的には、可能な限りの効果をあげるために、RMTは非常に厳密な方法で行われる必要があります。動きが厳密になればなるほど、動きが脳に与える情報が増加します。関節と背骨が最も適した位置で機能し、この重力場において最良の働きをするために、どのように筋緊張を整えればいいのかという情報です（ＲＭＴホームページより一部引用）。

つまり、赤ちゃんが自然に行っている動きを邪魔することは、脳の成長を邪魔するのと同じことになります。歩行器やベッドなどで、赤ちゃんが本来するはずの動きを止める器具を使うなどはもっての外なのです。早く歩いた！　と喜ぶのではなく、ハイハイをしっかりしている子を喜ぶことです。足腰が強く、賢い大人に成長します。

パート5　エピローグ

✧ 数々の学びと気づき ✧

私がルキアスに出会うまでには、多くの学びと気づきがありました。

不思議な世界での学びとしては、子育てが一段落した38歳の頃、宅建主任の資格を得て働き始めたと同時に、算命学を学び始めました。二箇所の算命学の学校へ、約8年間通いました。

学校に通い始めて半年目くらいから、鑑定をしました。相談される方は、すべて口コミで集まってこられました。一度もお会いしたことがなかったような遠方の方々のご相談を受けていたことを思い出します。

算命学は帝王学として、中国歴代の王家代々秘蔵の内に伝えられ、4千年の長きに渡って、一子相伝として継承されてきた学問です。他に類を見ない、科学的で膨大な理論付けと優れた技法に支えられて、古代中国においては軍略にも使用され、政治にも役立っていた運命学です。

どうしてこんなことまで分かるの⁈　という驚嘆から始まり、決して勘で解いていくのではなく、すべてに渡って理論が確立されていることに毎回驚きながら受講していました。

この算命学には魅了され、夢中になりました。

そして、ヒプノセラピーを行ううちに分かったのは、算命学に書かれている宿命は、魂が生まれる前に決めてきたその人の人生の青写真（ブループリント）だということです。

それから、ヒーリングとして学んだのは、まず西洋霊気。そこからヒーラーとしての経験を経てティーチャーになり、次に林忠次郎先生から伝授を受けられた山口千代子先生から直伝霊気を伝授され、長い間、西洋霊気マスターとして多くのヒーラーやティーチャーたちを養成してきました。

その後、チャネリングを学ぶ機会もあり、それとほとんど同時にヒプノセラピー（前世療法）を学びました。その後、ヒプノセラピストとして活動するかたわら、ヒプノセラピストを育成、たくさんのクライアント様や生徒たちの前世をいっしょに体験することや検証することで、体と魂の癒しを続けてきました。

これらの貴重な体験から、いかに多くの魂たちが傷つき、無用な罪悪感で自分を罰し続けてきているのか、浄化できない負のエネルギーとして、現世の人間たちに憑いている（過去世憑依）のかに気づくことができました。

魂の世界には時効というものはなく、未来永劫、自分を罰し続けているのです。

これは自分で気がつくまで、ガイドがいても、天使がいても、背後霊がいても、知らせてもらうことはできません。彼らが声をかけても、本人には聞こえていない場合がほとんどです。

前世療法の経験から、人間は愛を学ぶために、この世に生まれてきていることも知りました。ハイヤーセルフセッションの時、「この人生の目的は？」と訊ねると、皆さん口を揃えて、必ず愛に絡んだ目的をお話されます。

母の連れ子として継父に酷い扱いを受けて育った体験から、無償の愛というものを信じていなかった私は、それが根底から覆されることになりました。

ヒプノでは、すべてのクライアントさんが「愛」を語り、霊気では、天使や観音様やマリア様が現れる。信じていなかった世界があることを毎日見せられ、愛を学びに人間は生まれてきていること、そして神様仏様のような見えない存在がいるのだということを確信する様になりました。

✨ あとがき ✨

本書で述べているのは、ルキアスの基本的なものです。本書から得られたエネルギーだけでも、みなさんの生活に大きな気づきをもたらすことでしょう。

この本を手にとられたということは、すでにルキアスエネルギーと繋がっている証かもしれません。

それは、人生を大きく変える人や物、出来事との出会いに似ています。

人生は障害物競走みたいなものです。ただし、出走者はあなた1人です。その人生の大きな流れは、忘れているでしょうが自ら設定してきているのです。

障害のほとんどは、悪いことではありません。あなたを成長させてくれる大事なエッセンスです。

現在のあなたは立ち止まっているように思えるかもしれませんが、それはあなたにとって、必要なことなのかもしれません。

ルキアスエネルギーは、あなたに光を与えてくれます。

この素晴らしいエネルギーを受け取るためのお手伝いをしているのが、私をはじめ、ルキアスマスターとマスター見習いです。そして、２１３名のルキアスヒーラーもいます。

百聞は一見にしかず、といいます。一度体験会に参加されてみてはいかがでしょうか。

本書を読んでくださったあなたにお会いできる日を、楽しみにしております。

いっしょに光の扉を開きましょう。

☆ 著者プロフィール ☆

華　永（かえい）

１９５０年生まれ　女性。
熊本生まれ福岡育ち。１９６８年より東京へ移る。
１９７２年より東京都町田市在住。
ルキアスエネルギーグランドマスター
ヒプノセラピスト
算命学 + ダウジングetc.による運命鑑定士
ブレインジムインストラクター
リズミックムーブメントコンサルタント

現役の運命鑑定士であり、数千人の人生相談を続けて、理性では理解しても感情レベルで納得出来ない為に、繰り返し同じ間違いをしてしまう人達を、どうしたものかと悩んでいた時に出会ったヒプノの世界。

宿命や運命と催眠暗示で出てくる過去世との繋がり。
現在の人生で繰り返しやってしまう間違いについての理性と感情の両方を納得させて、クライアント様の人生に明るい未来を見つけだすお手伝いが出来る事に、心からの喜びを感じています。

加えて肉体的・精神的マイナスエネルギーの塊に、ルキアスエネルギーにて強力なポジティブエネルギーを注ぎ、右脳と左脳を繋ぐ体操を使いブロックを取り、恐怖感やトラウマをタッピングにて取り去り、そのテクニック等をご自分でも使えるようにお伝えしています。

ルキアスエネルギーホームページ
http://lucias.jp/index.html

ホームページ以外の資料請求先（ハガキでご請求ください）
神奈川県相模原市緑区橋本6—1—14—1503　　華　永

ルキアスエネルギー
覚醒《かくせい》と光《ひかり》の救済《きゅうさい》

華《か》　永《えい》

明窓出版

平成二十二年十一月一日初版発行
発行者——増本　利博
発行所——明窓出版株式会社
〒一六四—〇〇一二
東京都中野区本町六—二七—一三
電話　（〇三）三三八〇—八三〇三
FAX（〇三）三三八〇—六四二四
振替　〇〇一六〇—一—一九二七六六
印刷所——株式会社ダイトー
落丁・乱丁はお取り替えいたします。
定価はカバーに表示してあります。

ISBN978-4-89634-270-3

ホームページ http://meisou.com